KB260315

당신의 미래를 바꾸는 24가지 이야기

운명과 맞짱뜨기

당신의 미래를 바꾸는
24가지 이야기

운명과 맞장뜨기

박용배 지음

매일경제신문사

당신도 프로가 될 수 있다. 왜냐하면 나 같은 사람도 프로가 됐으니까.

나는 초등학교밖에 마치지 못했다. 부모님이 일찍 돌아가신 후 14살부터 식당 배달부, 쟁반닦이, 웨이터 등 안 해본 일이 없다. 그러는 사이 나는 우울증과 불면증에 심하게 시달렸다. 죽고 싶었다.

그러나 어느 날 나는 생각을 바꾸었다. 단 한 번뿐인 인생을 패배의식에 젖어 우울하게 살 게 아니라 도전하고 성취하고 정상에 서는 꿈을 꾸면서 프로가 되기로 결단했다. 내가 잘할 수 있고 내가 좋아하는 분야에서만큼은 프로가 되리라고 마음먹고 도전하기 시작했다.

그로부터 10여 년의 세월이 흐른 후 나는 과거의 내가 아닌 프로가 되어 있었다. 카운셀러로, 세미나 강사로, 작가로 활동하게 되었다. 세계 40개국이 넘는 곳을 다니며 세미나를 인도하는 행복전도사가 될 수 있었다.

오만 원짜리 지폐가 구겨졌어도, 조금 찢어졌어도, 설사 지저분하게 얼룩져 있어도 그 가치가 덜하거나 떨어지지는 않는다. 마찬가지로 이혼의 아픔, 파산의 쓰라림과 인간관계의 아픔 때문에 나의 가치가 상실되는 것은 아니다. 오히려 더 성숙해지고 폭이 넓어지는 계기가 될 수도 있다. 한 번뿐인 인생에서 나 스스로의 가치를 천 원짜리처럼 낮춰 잡고 가치 없게 살아가는 사람이 있고, 오만 원짜리 지폐처럼 더 자신의 가치를 높이고 값비싸게 사는 사람도 있다.

결국 내 몸값과 내 인생의 가치를 천 원짜리처럼 값어치 없이 만드느냐 오만 원처럼 가치를 높여서 귀하게 쓰임 받느냐는 나 자신에게 달린 것이다.

나 같은 사람도 프로가 되는 것을 보라. 이 책을 읽는 당신도 생각만 바꾼다면, 그리고 도전한다면 반드시 한 분야에서 프로가 되리라고 확신한다. 도전하는 자가 성취한다. 지그 지글러는 《정상에서 만납시다》라는 책에서 누구든지 노력하고 도전하면 한 분야의 정상에 설 수 있다고 했다.

이 책이 도전하는 당신에게 작은 활력소가 된다면 더 이상 바랄 것이 없다. 프로가 되기 위해, 정상을 향해 도전하는 당신에게 행운이 함께 하기를 바란다.

한 사람의 인생이 운명이나 사주팔자처럼 이미 정해져 있는 것이라 지레 포기하지 말고 프로 근성으로 운명에 도전하며 성공적으로 삶의 승리자가 되기를 기원 드린다.

Contents

Contents

Part 03 기적은 우리 안에 잠들어 있다

Contents

Part 01

인.생.의. 화.폭.에.
명.작.을. 남.기.자.

고장난 풍금이 불후의 명작을 남기다

찬양 '고요한 밤 거룩한 밤'의 탄생

200년 전, 오스트리아 한 작은 교회의 고장난 풍금

매년 12월이 되면, 백화점이나 상점이 즐비한 거리마다 크리스마스를 상징하는 성탄절 트리가 밝혀지고 캐럴이 울려 퍼진다. 그리고 그 불빛 속에서 더욱 빛나는 구세군 자선냄비의 모습이 보인다. 또 그 어떤 음악보다 맑은 구세군 종소리가 들린다.

그런 연말의 풍경 속에서, 사람들은 한 해를 보내는 아쉬움으로 연말연시를 맞이하게 된다. 성탄절이 되면 교회나 성당, 그리고 많은 상점이나 거리에서 제일 많이 불리고 그만큼 귀에 익은 성탄절 음악이 '고요한 밤 거룩한 밤'이라는 찬송가다. 캐럴을 부르라면 누구나 가장 먼저 부를 정도로 익숙한 노래이지만, 사실 이 찬송가가 누구에 의해 언제 어떻게 만들어지게 되었는지 아는 사람들은 많지 않다.

작시자(作詩者) 죠셉 모르(Joseph Mohr, 1792~1843년)는 당시 26살의 목사로서, 오스트리아의 작은 마을인 오번돌프(Oven-dorf)의 성 니콜라스 교회를 섬기고 있었다. 그 시골 마을은 크지 않았지만, 교회는 아담하고 아름다웠다.

해마다 성탄절이 다가오면 일주일 전에 근처 도시에 있는 큰 교회의 성탄 축하 공연단이 그곳 성 니콜라스 교회에 와서, 저녁 몇 시간 동안 성탄 축하 기념 축제 공연을 해주고 갔다. 그 날은 마을 주민들에게 모처럼의 축제의 날이었다. 모든 주민들이 교회당에 모여서 아기 예수 탄생을 축하하는 찬양과 공연, 성극으로 축제를 했다. 그 뒤 맛있는 음식으로 이웃 간의 정을 나누는 아름다운 전통이자 축제의 밤이었다.

1898년의 크리스마스를 일주일 앞둔 그날은 인근 지역을 순회하던 공연단 일행이 성 니콜라스 교회를 방문하는 날이었다. 교회에서는 그 반가운 손님들을 맞이하기 위해 대청소를 하는 등 여러 준비에 바빴다.

문제를 발견한 것은 바로 그날이었다. 공연에 절대적으로 필요한 풍금이 고장을 일으킨 것이다. 당장 그날 저녁에 풍금 반주에 맞추어 노래와 공연을 해야 하는데, 하필이면 그 중요한 시간에 풍금이 고장나다니!

낭패를 당한 죠셉 모르 목사는 급히 인근의 큰 도시인 잘츠부르크에 있는 수리공에게 연락해 급히 와 고쳐달라고 간곡하게 부탁했다. 하지만 급히 달려온 수리공이 온갖 애를 썼는데도 불구하고 결국 풍금은 고치지 못했다. 오히려 수리를 하기 위해 분해한 교회 마룻바닥에 늘어놓은 풍금의 부속품들이 목사의 마음을 더 심난하게 했다. 그나마 풍금 부속품들 때문에 교회당에서 공연조차 하기 어려워진 것이다.

고요한 밤, 거룩한 밤-목사, 아기 예수를 보다

결국 공연 장소는 교회당이 아니라 어느 성도의 집으로 바뀌었다. 풍금 반주는 없었지만 예수를 기리는 은혜로운 마음들이 있었기에, 다행히 모든 순서는 잘 마무리되었다.

공연 후 파티와 축제를 마친 마을 사람들은 다들 집으로 돌아갔다. 하지만 집으로 가는 대신 잘츠부르크 산맥의 작은 언덕을 오르는 한 사람이 있었다. 바로 죠셉 모르 목사였다. 목사는 언덕 위에서 무릎을 꿇고 조용히 기도하기 시작했다. 그의 머릿속에는 조금 전 은혜로운 공연 과정에서 떠올랐던 아기 예수의 탄생 장면으로 가득했다. 기도를 하다가 하늘을 올려다보자, 그의 눈에는 밝은 밤하늘의 별들이 초롱초롱하게 빛을 발하고 있었다. 그 별들은 마치 서로 조용히 이야기를 나누고 있는 것 같았다. 그리고 그 별들이 아기 예수가 탄생한 베들레헴 마을을 향해 일제히 빛을 발하고 있는 것 같이 느껴졌다.

목사는 다시 언덕 아래의 오번돌프 마을을 내려다보았다. 어린 양들처럼 순박하고 착한 사람들이 잠들어 있는 마을. 하늘의 고요함 속에 그들이 함께 다정히 잠들어 있었다. 그 풍경은 마치 1,800여 년 전 이스라엘 유대 땅 베들레헴 말구유에서 아기 예수가 탄생하던 밤 풍경같이 느껴졌다.

그때 죠셉 모르 목사의 마음속에 시구가 떠올랐다. 목사는 그 시구를 나지막이 읊어보았다. 그리고 언덕을 내려와 정성스럽게 적어 나가기 시작했다.

고요한 밤 거룩한 밤 어둠에 묻힌 밤

주의 부모 앉아서 감사기도 드릴 때

아기 잘도 잔다 아기 잘도 잔다

고요한 밤 거룩한 밤 영광이 둘린 밤

천군천사 나타나 기뻐 노래 불렀네

구주 나셨도다 구주 나셨도다

고요한 밤 거룩한 밤

동방의 박사들 별을 보고 찾아와

꿇어 경배 드렸네 구주 나셨도다 구주 나셨도다

고요한 밤 거룩한 밤 주 예수 나신 밤

그의 얼굴 광채가 세상 빛이 되었네

구주 나셨도다 구주 나셨도다

성 니콜라스 교회에는 학교 교사이면서 교회에서 풍금 반주를 하는 프란츠 그뤼버(Franz Griber, 1787~1863년)라는 31살 된 반주자가 있었는데, 죠셉 모르 목사는 그에게 자신이 쓴 시를 전해주면서 아름다운 멜로디를 붙여줄 것을 부탁했다.

그리고 마침내 크리스마스 전야가 되었다. 교회에서는 다시 성탄 축하 공연이 열렸지만 그때까지도 풍금은 고장난 그대로였다. 하는 수 없이 죠셉 모르 목사가 시를 쓰고, 프란츠 그뤼버가 곡을 붙인 그 노래는 풍금 대신 기타 반주에 맞추어 처음 불리어졌다.

제대로 된 반주는 없었지만 '고요한 밤 거룩한 밤'이라는 찬송이 울려 퍼지는 그 순간, 노래를 듣는 모든 마을 사람들은 노래의 아름다움에 감격하여 말을 잇지 못했다. 그 가운데는 풍금을 수리하러 온 수리공도 포함되어 있었다. 이후 이 노래는 마치 말씀처럼 번져갔는데, 유럽을 순회하며 이 노래를 부르며 전파한 이는 바로 그 풍금 수리공이었다. 특히 슈트라라는 어린이 합창단이 이 노래를 부르고 난 후 이 찬양은 급속도로 유럽 전역으로 퍼져나가게 되었으며, 이후 많은 대중들에게 알려지게 되었다.

고장난 인생의 한 순간이 새로운 인생의 시작이다

지금도 '고요한 밤 거룩한 밤'을 부를 때면 이런 생각이 들곤 한다. 때마침 풍금이 참 잘 고장나 주었구나! 그 아름다운 노랫말과 음률이 세상에 나온 건 결국 고장난 풍금 덕분이었으니까 말이다. 만약 그때 풍금이 고장나지 않았더라면 교회당이 아닌 성도 집을 빌려서 공연할 리가 없었을 것이다. 또한 산언덕에 올라가 기도할 일도 없었을 테고, 그렇다면 이 아름다운 찬송가도 나

오래된 풍금. 지금은 찾
아보기 어렵다.

오지 않았을 것이다.

고장난 풍금 때문에 성도의 집에서 공연했고, 공연이 다 끝난
뒤 언덕 위에 올라가서 묵상하면서 하늘을 쳐다보고, 또한 고요
한 적막 속에 잠들어 있는 마을을 내려다보면서 1,800년 전 베
들레헴 마을의 아기 예수를 생각한 것이 불멸의 작품이 나오게
된 계기가 된 것이다.

어디 풍금과 그 노래만 그렇겠는가. 우리 인생에서도 살다보

면 이것저것 고장날 때가 많이 있다. 사랑하는 부부 사이에서도 때때로 고장이 나서 아파하고, 갈등하고, 힘들어 할 때도 있다. 부모와 자식 사이에도, 친구나 동료 사이에도 왜 그런 일이 없겠는가? 사랑하는 서로의 관계에서도 때때로 고장이 나서 수리하고, 고쳐야만 하는 것이다. 우리는 관계를 갱신하고 화해해야 할 때가 종종 있다. 몸이 고장이 나서 치료 받고 수술할 때가 있는가 하면, 경제에도, 살림살이에도 고장이 나서 빨간불이 켜지고 어려움을 겪을 때가 있다.

하지만 살아가면서 진정 어렵고 힘든 것은 인간관계의 파괴와 악화로 생기는 고장이 아닐까 생각한다.

성경 출애굽기 제12장에 보면 이스라엘 민족들이 애굽에서 400년 간 노예생활을 하다가, 모세의 지도 하에 기적적으로 해방 받고 출애굽했다. 모세의 인도를 받아 약속의 땅 메시야 오실 땅 가나안으로 가는 중에 문득 구름기둥과 불기둥이 나타나서 그들의 길을 안내한다. 구름기둥과 불기둥의 안내를 받아 가면서 지도자인 모세를 따라 가는데, 이번에는 절망적으로 홍해 바다를 만나게 된다. 앞에는 홍해 바다가 가로막고 있고, 뒤에는 애굽 군대가 추격해 뒤쫓아 온다.

더 이상 희망이 없어 보이던 이때 그러나 기적이 일어났다. 홍해가 갈라진 것이다. 이스라엘 민족들은 모두 마른 땅처럼 갈라진 바닷길을 건넜다. 뒤따라온 애굽 군대가 바다 한가운로 들어왔을 때, 바닷물이 다시 닫혀 그들은 모두 수장되어 죽고 말았다. 그 광경을 지켜본 이스라엘 민족들은 감격할 수밖에 없었다.

기적이 있은 지 사흘이 지났을 때, 마침내 이스라엘 민족들은 '마라'라는 곳에 도착했다. 그러나 날씨는 무덥고, 목은 마르고, 그야말로 죽을 지경에 이르렀다. 실제로 필자는 몇 년 전, 아랍에 미리트의 수도 두바이에 일주일간 머무른 적이 있었다. 모래사막을 차로 달리는 그곳의 여름은 40도를 오르내리는 그야말로 혹독한 날씨였다. 아마 그 옛날 마라에 도착한 이스라엘 민족들도 비슷한 느낌이지 않았을까? 강렬한 햇빛, 바람 한 점 없는 기후. 그곳에서 살아 있는 지옥을 느꼈을 것이다.

사람들은 목이 타서 물을 달라고 아우성이었다. 마라에는 큰 시내가 있었고 물이 있었다. 그런데 그 물은 마실 수 없는 쓴물이었다. 이때 모세는 간절히 기도하게 되었고, 쓴물은 단물로 바뀌었으며, 비로소 모두가 마시고 갈증을 해소할 수 있었다.

그렇다. 우리도 쓴물을 만날 때가 많다. 인생의 쓴물, 사업의 쓴물, 인간관계의 쓴물, 건강의 쓴물, 남편의 쓴물, 아내의 쓴물, 자식의 쓴물! 얼마나 많은 '쓴맛'이 인생에는 존재하는가?

그러나 쓴물을 앞에 두고 깊이 생각하고 연구하여 단물로 바꾸면 된다. 전화위복의 계기로 삼으면 된다는 것이다.

필자 또한 살아오면서 이런 저런 일로 쓴 사건, 아픈 일들, 마음 상하는 고통스런 문제들을 만날 때가 종종 있었다. 그때마다 깊이 생각하고 연구하고 분석하여 그 아픈 사건을 뒤집기했다. 그리하여 축복의 사건으로 만들고자 한 것이다.

누구나 고장이 난다. 하지만 고장난 풍금이 불후의 명작 찬양시 '고요한 밤 거룩한 밤'을 탄생시킨 일을 기억하자. 고장난 사건 앞에서 깊이 생각하고 분석하고 갱신의 기회로 삼으면 결국에는 불후의 명작을 남기게 되는 터닝 포인트가 될 것이다.

복이 된 감옥 1

도스토예프스키가 맞은 죽음의 순간

사형대에 선 28세의 도스토예프스키

러시아의 문호 도스토예프스키(Dostoevskii, 1821~1881년)는 러시아 모스크바에서 출생하여 상트페테르부르크에서 활동한 작가다. 그는 20세기 소설과 문학세계의 전반에 심오한 영향을 끼쳤다. 특히 그의 《죄와 벌》, 《백치》, 《악령》, 《카라마조프가의 형제들》 같은 작품들은 그에게 '세계 문학 역사상 가장 위대한 소설가 중 한 사람'이라는 명성을 안겨주었다.

그의 아버지는 퇴역한 군의관으로 가정교육과 자녀교육, 그리고 도덕적 생활에 특히 엄격하고 완고한 사람이었다. 그는 어린 시절 모스크바의 기숙학교에서 초등교육을 마치고 16세가 되던 해에 상트페테르부르크의 육군공병학교에 들어갔다. 그는 군복무와 훈련 중에서도 종종 러시아 문학을 비롯한 유럽의 여러 문학 도서들을 읽으면서 문학의 넓은 세계를 접했다. 밤이 되면 사관생도들과 함께 밖에 나가서 음악과 술과 음식을 나누고 여자친구도 사귀면서 공병학교를 마쳤다.

학교를 마친 후 그는 오직 글쓰기에 몰두하기 위해 전역했으나, 생계 문제와 경제적 어려움이 그를 압박했다. 아버지는 농노들에게 살해당했으며, 어머니도 그 즈음에 세상을 떠났다. 부모가 유산을 남기지 않았으므로 그는 가난할 수밖에 없었다.

당시 러시아는 니콜라이 1세 황제의 강압 통치 하에 있었고, 도스토예프스키는 자연히 정치적·사회적 개혁운동에 가담하게 되었다. 이때 반체제 성향의 비밀 독서 클럽 모임에서는 프랑스의 공상적 사상주의자들의 사상이 퍼지고 있었는데, 그는 급진적인 소책자를 불법 출판하고 유통시키고자 하는 계획을 가진 비밀결사대에도 가담하게 되었다. 서유럽을 휩쓴 혁명운동이 러시아에 미칠 영향에 긴장한 정부는 이런 반체제적인 성향의 비밀결사대를 급습했고, 이때 218명의 회원들이 체포되었다. 그 중 도스토예프스키를 포함한 21명의 회원들이 총살형을 선고받고 사형지인 시베리아의 옴스크로 끌려가게 되었다.

필자가 조금 설명을 붙이자면, 필자 역시 수 년 전 추운 겨울에 크고 광활한 땅 러시아의 시베리아를 세 번에 걸쳐 다녀 온 적이 있었다. 노보시베리스크와 옴스크는 단순히 춥다는 말로는 설명이 모자란 시베리아 벌판이다. 겨울의 옴스크는 영하 30~50도를 오르내리는데, 살인적인 날씨로 악명이 높다. 한마디로 냉장고의 냉동실 같다고 생각하면 이해가 쉬울 것이다. 10월부터 본격적인 겨울이 시작되어 이듬해 5월까지 눈이 계속 온다.

바로 그 냉동실 같은 곳에서, 갑갑한 감옥에 갇힌 도스토예프스키는 간질병을 얻게 됐다. 간질병은 평생에 걸쳐 그를 고통스럽게 괴롭혔다. 옴스크 감옥에서 그에게 허락된 책이라고는 신약성경뿐이었으므로 그는 감옥에서 신약성경을 읽고 또 읽으며

신에게 기도를 했다.

하지만 그는 추운 겨울 영하 50도까지 내려가는 혹한의 날씨에 교수대에 끌려가서 사형 순서를 기다리는 처량한 사형수의 신세일 뿐이었다. 28살의 젊은 문학도. 그러나 현실은 죽음의 순서를 기다리는 중범자로 언제가 될지 모르는 형장의 이슬로 사라지는 순간을 드디어 맞이하게 된 것이다.

차르 치하의 러시아 정권 아래 반체제 성향의 비밀 독서클럽에 가입한 죄의 대가는 혹독하고도 처절했다. 세 명씩 묶여 교수대에 올라가 총살형을 당하게 되는 순간은 상상만으로도 아찔하다. 영하 50도의 추위에도 아랑곳없이 누구나 회한의 뜨거운 눈물을 흘릴 수밖에 없을 것이다.

사형집행관이 그에게 5분간의 마지막 시간을 주겠다고 하자 그는 순간적으로 5분 중 2분을 어떻게 보낼까 생각했다. 결국 그의 결정은 이러했다. 가족을 생각하는 데 2분, 28년을 살아온 자기 자신을 되돌아보는 데 2분을 쓰고, 나머지 1분은 조국과 자연에 대하여 생각하기로 했다.

그 운명의 5분 동안 그의 숨이 멎는 카운트다운이 시작되었다. 총알이 장전되고 발사명령이 떨어지는 찰나의 순간이 지나면 이제 영영 숨을 멎게 된다. 그는 그 5분을 보내면서 자기 자신이 보낸 28년의 인생을 뒤돌아보며 살아 있는 뜨거운 눈물을 흘렸다. 왜 나는 아무런 가치 없이 무의미하게 28년의 시간을 살아왔던가? 나에게는 새롭게 가치 있고, 의미 있게, 소중하게, 인생을 새롭게 살 수 있는 기회가 주어지지 않는단 말인가? 이렇게 젊음을 활짝 펴보지도 못하고 지금 이 자리에서 형장의 이슬로 사라져야만 하는가? 왜? 왜? 왜?

하염없이 눈물을 흘리며 후회하고 있는 그 순간, 어느덧 주어진 5분의 시간 중 4분이 지나고 마지막 1분이 남았다. 바로 그때였다. 돌연 말발굽 소리가 요란하게 들리면서 기적적인 순간이 그 앞에 펼쳐졌다. 사형을 중지하라는 황제의 특별명령이었다. 황제는 그에게 사형을 면제해주는 대신, 4년간은 감옥에서 보내고, 4년간은 군대에서 복무하도록 명령을 하달했다.

세기의 문학을 탄생시킨 고통의 순간들

기적적으로 목숨을 건지기는 했지만, 이후 그를 기다리는 것은 어둡고 냄새나는 감옥에서의 고통스러운 시간이었다. 감옥에서의 생활은 그야말로 지옥 같은 나날이었다. 간수들과 감방 죄수들의 폭행, 쥐와 벌레들의 공격 등 그것은 이루 다 헤아릴 수 없는 악조건이었다.

그 속에서 그를 지탱하게 한 힘은 하나였다. 바로 인생 막장들의 처절한 삶을 몸소 체험하며 마음속에서 우러나는 진심을 담은 글을 쓰기 시작한 것이다. 그는 옴스크 감옥에서의 처절한 삶, 세상으로부터, 또 사회로부터 완전히 격리된 다른 세계의 영역인 수용소 안에서 죄수들에게 가해지는 억압과 고통을 통해 인간세계의 삶과 죽음에 대한 깊은 애환을 온몸으로 느꼈다.

감옥생활은 그가 장차 작가이자 사상가로 발전하는 데 중요한 경험이 되었다. 인간 이하의 굴욕을 당하고 상처를 입은 사람들을 더 깊이 연구하는 데 필요한 자료를 풍부하게 제공해주는 계기가 되었으며, 훗날 작품세계의 밑거름이 되기에 충분했다.

1854년에 석방된 그는 시베리아의 세미 팔라틴스크라는 도시에서 병졸로 근무하게 되었지만, 성실함으로 하루하루 최선을 다한 끝에 하급 장교가 되기도 했다. 1857년에는 아들 하나가 딸린 과부와 결혼했으나 그녀는 결핵환자였고, 결혼생활은 행복하지 못했다. 힘든 생활이 연속되는 가운데 글을 쓰는 작업을 시작했다.

쇠사슬에 얽매여 유배지로 끌려간 지 10년 만에 마침내 그는 상트페테르부르크로 가도 좋다는 당국의 허락을 받는다. 상트페테르부르크로 간 그는 본격적으로 작품활동을 시작했다. 그러나 부인의 죽음 후 자신을 돌봐주던 형마저 사망하는 등 시련이 이어졌다. 그는 도박에 빠져 도박꾼이 되기도 했고, 몇몇 여자들과 연애를 했으나 곧 실패로 끝났다.

그는 여러 시련 속에서 《죄와 벌》,《도박사》,《백치》 등 뛰어난 작품을 썼다. 그의 작품 세계는 남다른 깊이와 아픔이 서려 있었다. 옴스크 감옥과 교수대의 경험이 아니었다면 그런 영혼 내면의 깊이 있는 작품을 쓰기는 어려웠으리라.

이후에도 경제적 압박에 시달리면서 돈을 위해 글을 쓰는 등 궁핍한 생활은 계속 이어졌다. 28세의 젊고 꽃다운 나이에 교수대에 서서 죽음의 순간을 맞이하면서, 인생을 아무렇게나 살아왔던 일에 대한 후회와 회환의 눈물을 흘렸다. 그리고 다시 한 번 살 수 있는 기회가 주어진다면 정말 가치 있게, 의미 있게, 멋지게 살 수 있을 것이라고 생각했다.

하지만 정말 그에게 다시 살 수 있는 기회가 주어졌을 때, 그 숨 막힐 듯이 아찔한 순간을 모면한 후 그는 아무 일도 없었다는 듯이 다시 기나 긴 방랑을 겪었다.

소중하게 찾아올 시간들을 아끼며 살아가야지

오늘 자유가 있고, 건강하고, 아무 일 없다는 이유 때문에 뚜렷한 목표의식 없이 대충대충 살아가는 나 자신은 아닌지 돌아보았으면 좋겠다. 그렇게 사는 우리는 언젠가 후회와 회환의 눈물을 흘리며 '다시 한 번 살 수 있으면 무슨 일이든 후회 없이 하겠다'고 헛된 다짐을 할지도 모른다.

필자는 음반을 한 장 냈다. 직접 작사하고 유명 작곡가인 이범희 교수가 작곡을 했는데, 그 가운데 '가을'이라는 노랫말을 들려주고 싶다.

코스모스를 보면서 가을을 흠뻑 느끼네

국화꽃을 바라보면서 가을의 정취를 느끼네

내 인생의 봄은 가고 폭풍 같은 여름도 지나가고

어느덧 가을의 문턱에 서서 지나간 세월 뒤돌아보네

내 인생의 가을을 맞이하면서 나는 나에게 물어볼 것 있네

한 번뿐인 인생을 어떻게 살아왔느냐고

이제 남은 나날들을 하루를 10년 같이

소중하게 찾아올 시간들을 아끼며 살아가야지

노랫말처럼 하루하루 오늘이 마지막 날인 듯 살 수만 있다면 더욱 알찬 삶을 살 수 있지 않을까.

도스토예프스키!

그는 감옥에 가서 최악의 순간까지 가 본 사람이었다. 그랬기에 그는 불후의 작품들을 남기게 되었다. 감옥과 교수대의 경험이 그에게 깊이 있는 작품 세계를 펼쳐가게 했던 힘이 되었다.

우리에게 감옥 같은 아픔이 있는가? 고통이 있는가? 만약 있다면, 지금 그것을 뒤집어서 축복의 작품으로 만들면 어떨까?

고 김대중 대통령도 투옥과 사형 선고 등 이루 말로 다 할 수 없는 시련을 겪었다. 그러나 그 시련이 한국인 최초의 노벨평화상이라는 큰 상을 받게 되는 발판이 되었다.

세계적으로 유명한 맹인박사 강영우 박사의 실명 과정과 시련 속에서의 연구 과정은 정말 도스토예프스키의 감옥생활만큼이나 고통스런 아픔이었다. 하지만 그 고통의 터널을 벗어나서 수많은 어려움 속에 있는 사람들에게 용기와 희망과 꿈을 주는 사람이 되었다.

도스토예프스키의 감옥살이와 교수대의 경험이 그의 작품세계의 깊이를 주었다면, 그가 오히려 감옥에 가기를 잘했다고 보면 어떨까. 우리에게 닥치는 어떤 아픔도 성공의 발판으로 삼는 지혜를 갖자.

복이 된 감옥 2

오 헨리 인생에 닥친 검은 그림자

오 헨리(O. Henry, 1862~1910년)는 미국 노스캐롤라이나주 그린스버러에서 태어났으며, 원래 본명은 윌리엄 시드니 포터다. 그의 아버지는 의사였으며, 어머니 역시 문학에 뛰어난 재능을 가진 사람이었다. 그러나 3살 무렵 어머니가 결핵으로 사망하자 그의 가족은 할머니의 집으로 이사했다. 1879년 고등학교를 졸업하고 삼촌이 경영하는 약국의 조수로 들어가 잔심부름을 하다가 1881년 약사 자격증을 취득했다. 1882년에는 텍사스주로 건너가서 점원과 직공, 제도사 일을 하기도 했으며, 1887년 그의 나이 25세 때 17세 소녀와 결혼해 가정을 꾸리기도 했다. 1888년 아들이 태어났으나 태어나자마자 사망했고, 이듬해인 1889년 딸을 얻었다.

오 헨리는 1890년부터 은행원, 기자 등으로 일했으며, 이 기간에 첫 작품 《구르는 돌 *The Rolling Stones*》을 발표했지만 고작 1,500부가 팔리는 데 그쳤다. 그럼에도 불구하고 1891년 은행에 근무하던 그는 아내의 내조를 받아 주간지를 창간하면서 문학과 본격적인 만남을 가졌고, 간간이 지방 신문 등에 글을 싣는 등 문필가로 활동했다.

그의 인생에 먹구름이 닥쳐온 것은 1896년이었다. 1895년 휴스턴으로 이사한 후 우체국의 고정 작가로 글을 쓰고 있던 중, 2년 전 오스틴에서 재직했던 은행에서 그가 재직 중 계산 실수를 범했다는 이유로 고소를 한 것이다. 급한 나머지 그는 일단 뉴올리언스를 거쳐 남미의 온두라스로 도피했지만 아내가 결핵이 악화되어 중태에 빠졌다는 사실을 알고 돌아오게 되었다. 결국 아내는 1897년에 사망했고, 오 헨리는 체포되어 1898년 횡령죄로 5년 징역형을 언도받고 오하이오 교도소에 수감되었다.

《크리스마스 선물》과 《마지막 잎새》의 감동이 탄생한 감옥

죄수번호 30664번의 오 헨리는 감옥 안에서 전혀 새로운 세계를 만났다. 그것은 깊은 사색의 세계였고, 그곳이 그의 글쓰기의 발판이 된 것이다. 이후 감옥에서 경험한 풍부한 내면세계와 인간의 희로애락을 아름다운 글로 표현하기 시작하여 300여 편의 주옥같은 단편소설들을 쓰는 작가로, 또 저널리스트로 활동하게 되었다.

그의 작품 중 가장 대표적인 작품이 바로 《크리스마스 선물》이다. 너무나 사랑하면서도 너무나 가난하게 사는 젊은 부부 짐과 델라! 이들이 사는 집은 너무나 작고 낡았다. 그리고 적은 월급으로 이어가는 생활은 궁핍하기 그지없었다. 그러나 너무나 큰 사랑을 통해 서로를 아끼고 위로하며 사는 부부였다.

그렇게 살던 어느 날 성탄절이 다가왔다. 그들은 서로에게 선물을 해주고 싶었다. 남편 짐은 할아버지 때부터 물려받았던 손목시계를 갖고 있었는데, 줄이 낡아서 주머니 속에 넣어 다니다가 이따금 꺼내 시간을 보곤 했던 시계를 팔기로 한다. 그리고 그 돈으로 사랑하는 아내 델라에게 주기 위해 머리에 꽂을 예쁜 핀을 산다. 델라는 자신의 금발 머리카락을 미장원 가발센터에 팔아 20달러를 마련하고, 자신에게 있던 돈 1달러를 보태 남편 짐에게 줄 예쁜 시계줄을 선물로 준비한다.

남편 짐이 퇴근한 후 부부는 서로가 준비한 크리스마스 선물을 내밀었다. 그러나 서로가 쓸 수 없는 선물이었다. 서로가 쓸 수 없는 선물이었으나 너무나 귀한 선물을 했던 짐과 델라!

또 하나의 오 헨리 작품인 《마지막 잎새》도 무척 감동적이다. 워싱턴 광장 서쪽의 작은 구역에 화가들이 모여서 그림을 그리는 작은 동네가 있었는데, 수와 존시는 아담한 벽돌집 꼭대기에 화실을 꾸미고 함께 그림을 그리고 있었다. 수는 메인주 출신이고 존시는 캘리포니아주 출신이었다. 그 둘은 식당에서 점심식사를 하다가 알게 된 사이로, 서로의 취미와 관심사가 같아 공동 화장실까지 같이 쓰며 옆방을 쓰고 있었다.

그들이 만난 지 5개월이 되던 11월, 마을에 폐렴이 유행하면서 존시가 전염병에 걸리게 된다. 존시는 꼼짝 못하고 침대에 누워서 한숨을 쉬며 창밖만 보고 있었다. 의사는 수에게 "존시에게 살려고 하는 의지가 있어야 하는데 절망하고 자포자기하는 것 같다"며 "희망을 가지게 해보라"고 권한다.

수가 존시가 누워 있는 방에 들렀을 때 존시는 창밖을 향해 누운 채로 숫자를 거꾸로 세고 있었다. 열둘, 열하나, 열, 아홉, 여덟, 일곱, 여섯…. 수는 존시에게 "무엇을 그렇게 세느냐?"고 물었다. 그때 존시는 이렇게 말한다.

"창밖 담의 벽돌에 담쟁이 한 줄기가 말라 있어. 그 담쟁이 잎이 수백 개였는데, 비바람이 몰아쳐서 다 떨어지고 이제 열두 잎만 남았어. 바람이 불 때마다 한 잎씩 떨어져서 이제 여섯 잎이 남았는데 저 잎이 다 떨어지는 날 나도 죽게 될 거야."

수는 존시에게 "절대로 그렇지 않다"고 했으나 존시는 희망을

포기한 듯했다. 수는 곧바로 아래층에 내려와 베어먼이라는 나이
든 환자에게 절망에 빠진 존시의 이야기를 들려준다.

그 다음 날 존시가 커튼을 올려보니 밤새 비바람과 눈보라가
그렇게 심하게 몰아쳤는데도 그 마지막 한 잎은 떨어지지 않고 여
전히 붙어 있었다. 그 다음 날 나이 든 화가 베어먼이 급성 폐렴
을 앓은 지 이틀 만에 죽었다고 했다. 하지만 존시는 일어났고 다
시 살아났다. 그런데 창밖의 그 마지막 잎새는 계속 떨어지지 않
고 붙어 있었다. 가까이 가서 보니 베어먼 화가가 밤새 비바람을
맞으면서 그려놓은 잎새였다.

감옥과 같은 고통이 닥쳐도 나만의 명작을 남기자

오 헨리가 이렇게 아름다운 단편 300여 편을 남긴 배경에는
바로 3년간의 감옥생활이라는 시간이 있었다. 오 헨리가 감옥에
가지 않았다면 어쩌면 그 아름다운 작품들이 나오지 않았을지도
모른다. 3년의 세월 동안 오 헨리는 감옥 안에서 많은 생각과 사

색에 젖어들었고, 그 고독 속에 멋진 작품들이 나왔다.

필자는 물론 감옥 예찬론자가 결코 아니다. 감옥은 가지 않아야 할 장소임이 분명하다. 그러나 그곳에서 인생이 무엇인지, 삶과 죽음이 무엇인지를 깊이 생각했던 사람들이 불멸의 작품세계를 그려나갔다.

우리에게 감옥 같은 고통과 어려움이 있는가? 그럴 때마다 인생역전의 기회로 삼고 나만의 불멸의 명작을 그려보자. 역사적인 인물들은 대부분 감옥을 거치지 않았던가.

성경에는 요셉이란 인물이 억울하게 누명을 쓰고 감옥에 갇혀 있다가 애굽의 총리가 되는 기적이 일어났다. 예레미야도 감옥, 즉 시위대 뜰에 갇혀있을 때 큰 응답을 받았고, 바울도 빌립보 감옥과 로마 감옥에 갇혔었다. 다니엘은 사자굴이라는 사형장에 떨어지기도 했으나 살아 나와서 총리로서 더욱 큰일을 했다고 성경이 기록하고 있다.

오 헨리의 감옥생활 3년! 그는 그 감옥생활을 작가로서의 터닝 포인트가 되는 기회로 삼았다.

복이 된 감옥 3

성서 다음으로 유명한 책을 탄생시킨 감옥

책 읽는 땜장이

존 번연(John Bunyan, 1628~1688년)은 잉글랜드의 엘스토우 라는 마을에서 가난한 놋쇠 세공사의 맏아들로 태어났다. 이 마을 저 마을로 떠돌아다니면서 항아리와 주전자를 땜질하여 고치는 땜장이의 아들로 태어났던 것이다.

존 번연은 시골에서 학교를 다녔지만 가난한 집안형편 때문에 10살의 어린 나이에 학교를 그만두었다. 대신 아버지의 가업을 이어받기 위해 17살까지 아버지를 따라다니면서 기술을 익히고 잔일을 했다.

그러나 그는 그냥 땜장이가 아니었다. 그에게는 책이 있었다. 땜장이 일을 하러 다니면서도 닥치는 대로 많은 책을 읽었고, 책을 통해서 많은 것을 얻을 수 있었다. 번연은 당시 영국 청교도들에게 인기가 있던 여러 가지 책들을 읽게 되었고, 그가 12세 때 읽은 《킹 제임스 영역 성서》는 발행된 지 30년밖에 안 된 책이었지만 그에게 많은 감동을 주었다. 당시 영국의 국교(國敎)는 성공회였고 그의 부모도 국교를 믿고 있었다. 그러나 그는 편협한 신앙에 의해 단절되지 않았으며, 건강한 몸과 마음과 정신을 갖게 되었다.

그러나 채 20살도 되지 않은 1644년, 그에게 고통스럽고 불행한 일들이 많이 닥쳤다. 6월에는 어머니가 죽었고, 7월에는 누이동생 마거릿이 죽었으며, 8월에는 아버지가 세 번째 부인을 맞아들였다. 그리고 '청교도 혁명'이라고 불리는 내란이 일어나 11월에는 의회군으로 징집되었다.

내전 현장에서 그에게 충격적인 일이 일어났다. 그가 근무하는 곳에서 동료가 총에 맞아 죽는 일이 바로 눈앞에서 벌어진 것이다. 훗날 그는 그때의 일을 두고 "하나님의 섭리로 살아남게 되었다"고 했다.

번연은 1647년 7월에 제대했고 곧 결혼하게 되었다. 그의 아내와 그는 숟가락과 접시도 없을 만큼 가난한 신혼살림을 시작했다. 그의 아내는 결혼 지참금 대신 그에게 《평범한 사람이 하늘에 이르는 좁은 길》과 《경건 훈련》이라는 책을 선물했다. 그런 착한 심성의 아내였지만 그녀가 낳은 첫 딸 메리는 날 때부터 장님이었고, 이후 엘리자베스와 존과 토머스를 더 낳고서는 1658년에 죽고 말았다.

아내의 죽음 이후 번연은 견디기 어려운 고통으로 괴로워 한다. 신을 모독하기를 강요하는 음성들이 환청으로 계속 들려왔으며, 정신병으로 고통당하는 환자처럼 괴로워했다. 그때 존 기포드라는 목사의 전도를 받아 다시 길을 찾았고, 마침내 그의 제자가 되었다. 베드포드 공동체라는 침례교회의 신자가 된 번연은 정신병에서 해방받게 되고, 평신도 설교가로서 재능을 나타내기 시작했다. 자신이 정신적으로 크게 시달려보았기 때문에 자신처럼 고통당하는 자들에게 그의 설교는 힘이었고, 설득력 있는 가르침이었다.

감옥의 시련이 만든 불후의 고전, 《천로역정》

찰스 2세의 왕정복고에 따라, 그동안 분리파 교회들이 예배의 자유를 누리고 정부 정책에 어느 정도 영향력을 끼치던 20년 세월도 끝나고 말았다. 1660년 11월 12일, 번연은 사우스베드포드셔에 있는 로어삼셀에서 지방 치안판사 앞에 끌려가, 과거 엘리자베스 시대에 포고된 법령에 따라 영국 국교회와 일치하지 않는 예배를 집행한 혐의로 기소를 당했다.

그는 기소를 당한 뒤에도 끝내 '같은 범죄를 반복하지 않겠다'는 강요된 서약을 따르지 않았고, 그 결과 1661년 1월 순회재판소에 갇히게 되었다. 1695년에 재혼한 그의 두 번째 부인이 항소

하기 위해 여러 번 애를 썼으나, 번연은 무려 12년간 투옥되고 말
았다. 투옥 중 잠시 석방되었다가 다시 투옥되기도 했고, 두 번째
투옥 때는 6개월 정도 갇혔다가 출옥했다.

그 12년간의 감옥 생활 동안 그는 글을 쓰기 시작했다. 그 글
은 인간이 세상에 태어나고 죽어서 천국으로 가는 여정을 아주
실감 있게 그려낸 작품으로서, 크리스천들에게 성서 다음으로 유
명한 책이 되었다. 존 번연이 감옥에 12년간 갇히는 일이 없었다
면 과연 그런 불후의 명작이 나올 수 있었을까?

번연이 당시의 국교와 자신의 신앙인 침례파의 교리가 조금
다르다는 죄목으로 12년 동안 갇히게 되었으니, 그 세월이 당사
자로서는 분명히 힘들고 고통스런 시간이었을 것이다. 그러나 길
게 보고, 멀리 보고, 긴 안목으로 보았을 때 그 감옥 때문에 그는
글을 남겼고, 그 글 《천로역정 *Pilgrim Progress*》이라는 책 때문
에 역사적인 인물이 될 수 있었다.

당신에게 자유가 없고, 고통스럽고 힘든, 감옥과 같은 시련이
있지는 않는가?

그런 시련과 고통이 있다면 그 속에서 불후의 명작이 나올 수 있도록 하자. 책을 읽고, 글을 쓰고, 시를 쓰고, 그리하여 명품을 남기는 시간들이 되도록 하면 어떨까?

인생의 화폭에
당신만이 그릴 수 있는 명작을 남기자

70세에 화가가 된 그랜드마 모제스 이야기

70세에 인생 본론을 시작한 그랜드마 모제스

미국의 화가로 너무나 유명한 그랜드마 모제스는 원래 1860년 뉴욕 북부 변두리 마을에서 안나 마리아 로버트슨이라는 이름의 여자아이로 태어났다. 가난한 농부의 장녀였고, 밑으로 동생이 무려 10명이나 더 태어났다.

그녀의 어머니는 농사 일에 부지런했고 농사 일과 가사 일을 장녀에게 가르치려고 애썼다. 농부였던 아버지는 언제나 새로운 것을 연구하는 발명가였다. 가정과 자녀, 그리고 농사 일에도 성실했다. 또 그림 그리기를 좋아해 벽화도 많이 그렸으며, 어린 자녀들에게 그림 그리기를 권했다. 안나 마리아는 그림 그리기를 좋아했는데, 그것은 어릴 때 아버지로부터 받은 영향 때문이었다.

하지만 어려운 집안 사정으로 안나 마리아는 12세 때 더 이상 공부를 하지 못하고 근처 어느 농가의 하녀로 고용되어 남의 집 일을 하는 사람이 되었다. 그녀는 15년 동안 하녀로 있다가 27세 때 인근 농가에서 일하던 비슷한 처지의 토마스 살몬 모제스라는 총각을 만나 결혼을 했다. 결혼 후 버지니아주로 신혼여행을 떠났다가 아름다운 계곡을 보고 그 근처의 농지를 구입해서 20년간 살면서 10명의 자녀를 낳았다. 그러나 자녀 중 5명을 질병으로 먼저 보내는 아픔을 겪었고, 남은 5명을 키워서 자립시켰다.

그녀는 1905년 자신의 고향인 뉴욕주 북부의 농촌으로 돌아와서 정착했다. 1927년 남편 토마스가 세상을 먼저 떠났다.

그때 그녀 나이 67세였다. 그녀는 남편도 떠나고 자녀들도 자립한 후 외롭고 고독한 가운데서 어린 시절 아버지로부터 배웠던 그림을 그려보고 싶은 충동을 느꼈다. 먼저 어릴 때 어머니로부터 배웠던 바느질을 통해서 그림을 바느질로 수놓는 자수 그림에 몰두했다. 그렇게 자수 그림에 3년간 매달리는 동안 눈도 어두워지고 관절염이 와 물감을 이용한 그림 그리기에 도전하게 되었다.

70세 때부터 10년간 열심히 그림을 그린 그녀는 마침내 80세가 되던 해에 첫 작품전을 열었다. 그리고 계속 그림 그리기에 몰입하여, 자신의 꿈과 추억과 아름다운 풍경을 계속 화폭에 담겼다. 그는 102세를 일기로 세상을 떠날 때까지 무려 1,600점의 그림을 남기는 대기록의 화가가 되었다. 그의 나이 100세 때인 1960년도 생일 때 뉴욕주 주지사였던 넬슨 록펠러는 그 날을 '모세 할머니의 날'로 공포하고 널리 축하해주었다. 그 이후에도 그녀는 왕성한 작품 활동을 하다가 1961년에 세상을 떠났다.

보통 사람들은 정년퇴직을 하고나면 별로 하는 일 없이 소일하며 무료하게 시간을 보내는 경우가 많다. 필자는 얼마 전 어느 지방도시에서 사흘 동안 세미나를 인도하게 되었는데, 93세가 되신 어르신 한 분이 상담하고 싶다면서 내가 묵고 있는 호텔을 찾아왔다. 그 어르신과의 이야기는 다음과 같다.

그는 어느 교육대학교를 졸업하고 교사가 되어 63세에 은퇴하기까지 강단에서 후진들을 가르치며 한평생 교육자로 젊음을 보냈다. 그는 은퇴 후의 세월들은 그냥 덤으로 사는 것이라고 생각하고 별로 하는 일 없이 소일하며 살았다. 자녀들은 성장하여 분가했지만 사업한다며 한 칸 있던 아파트를 팔아서 사업에 보태달라고 계속 졸랐다. 아파트를 팔아서 사업자금으로 도와주었으나 사업은 실패했고, 자녀들로부터 연락도 잘 오지 않았다. 설상가상으로 부인은 치매를 앓다가 얼마 전 세상을 떠났다.

그는 63세에 은퇴하고 93세가 되도록 특별히 하는 일 없이 허송세월한 것이 속상하고 억울하다며 하소연했다. 은퇴 후 30년의 세월은 인생의 3분의 1에 해당하는데, 은퇴와 더불어 바로 새로운 일을 시작하지 못한 것이 너무나 후회스럽다고 눈물지었다. 자녀가 아파트를 팔아서 사업자금을 도와달라고 했을 때는 외면했어야 하는 건데 결국 도와준 것이 화를 불렀다며 모든 것이 후회스럽다는 내용이었다.

그러나 늦었다고 생각할 때가 곧 적절한 시간표다.

그랜드마 모제스는 70세에 그림을 그리기 시작하여 1,600점의 작품을 남겼다. 70세 이전까지 그녀의 삶은 서론적인 삶이었다. 70세 이후 화가로서 활동한 것이 그의 본론적인 삶인 것이다.

'나는 이미 늦었다'거나 '나이가 많아서 할 수 없다'고 혹시 포기하지는 않았는가?

나이는 숫자에 불과하다는 말이 있지 않은가? 나이 탓하지 말고 도전하는 자에게 나이는 아무런 장애가 되지 못한다.

성경의 인물 속 모세는 80세부터 120세까지 큰일을 하게 된다. 그는 태어나서 40세가 될 때까지 애굽 왕궁에서 공주의 양아들이 되어 최고의 공부를 했다. 그러다가 자신의 동족이 노예로 고통당하는 것을 보고 핍박자인 애굽 사람을 살인해 쫓기게 되었고, 미디안 광야로 국경을 넘어 외국으로 도망갔다가 도피지에서 부인을 만나 처갓집에서 양치기로 40년을 보냈다.

그의 나이 80세가 된 때에 그는 지도자로 부르심을 받았고, 이스라엘 민족을 애굽의 노예살이에서 해방시켜 가나안 땅으로 인도해내면서 광야에서 모세오경이라고 하는, 성경 창세기, 출애굽기, 레위기, 민수기, 신명기를 기록하는 대역사의 주인공이 되었다.

네덜란드의 철학자 스피노자는 '내일 지구의 종말이 와도 나는 오늘 사과나무를 심겠다'고 하지 않았는가? 영국의 윈스턴 처칠 전 수상은 '성공하는 사람은 절망 속에서도 희망을 보고, 실패하는 사람의 특징은 희망 속에서도 절망만 본다'고 했다.

나이가 들어서 이제 늦었다고 포기하지 말자. 나는 무능하여서 아무것도 할 수 있는 것이 없다고 절망하지도 말자. 반드시 당신만이 잘할 수 있는 달란트가 숨겨져 있다. 그 달란트는 할 수 있다고 믿고 도전하는 자에게 나타나는 열매이다.

그랜드마 모제스처럼 인생 본론적인 일에 쓰임 받자. 나만이 할 수 있고 그릴 수 있는 나만의 명작을 그리자. 그리고 작품적인 기념비를 남기자.

Part 02

꿈.을. 꾸.는. 자.에.게.
그. 꿈.은. 이.루.어.진.다.

아름다움을 아름다움으로
남기지 못하는 어리석음

러시아 성 바실리 사원에 얽힌 아픔

대러시아제국을 건설한 황제 이반 4세

TV에서 러시아 현지 소식을 전할 때 특파원들이 크렘린 궁과 성 바실리 성당을 배경으로 서서 붉은 광장에서 마이크를 잡은 경우를 종종 보게 된다. 너무나 아름답게 지어진 성 바실리 성당은 크렘린 궁과 함께 러시아를 대표하는 건축물이기 때문이다.

그만큼 수많은 관광객들이 성당을 배경으로 사진을 찍고, 추억을 쌓는 곳이기도 하다.

8개의 양파머리처럼 생긴 지붕과 아름다운 색상과 우아한 멋을 뽐내는 성 바실리 성당은 누가 언제 지은 것일까?

1530년 8월 25일 바실리의 아들 이반 4세가 태어났다. 3세 때 부친 바실리가 사망하면서 크레물린의 권력 암투가 시작되었다. 이 과정에서 1547년까지 14건의 궁정 내 살인사건이 발생했으며, 이반 4세가 7세 되던 해에 그의 어머니 황태후도 독살되었다. 이반 4세는 어릴 때부터 이에 복수할 마음에 분노를 쌓았고 기회가 되면 반드시 실행하리라는 계획을 품고 자랐다.

1547년 1월 그의 나이 17세 때 크렘린 교회에서 황제 대관식이 거행되었다. 17세의 이반 4세는 로마의 대를 잇는 황제로 취임하면서 그의 할아버지 이반 3세가 사용한 '차르'라는 호칭을 공식 사용했다. 이것은 모스크바가 러시아 대제국이라는 큰 나라로 변모하는 과정으로 인식되었고, 어릴 때부터 모든 권력은 황제인 이반 4세에게 집중되었다. 그는 영토 확장을 위해 동서로 군대를 파견했다. 이때부터 모스크바공국은 거대한 러시아 대제국으로 새롭게 태어나기 시작했다. 1522년 이반의 군대는 동방무역의 요충지인 타타르의 카잔을 점령했고, 1556년 볼가강 유역의 마스트라한도 정복했다.

이반의 군대는 전쟁을 통해 이웃 나라를 정복하여 그의 재임 기간 동안 하루 평균 120㎢씩 영토가 확장되었다. 이처럼 계속되는 전쟁의 승리를 기념하기 위하여 이반 4세는 승리의 기념물을 통해 자신의 이름을 남기기 위해 모스크바 중앙 지점에다 바실리 성당을 세우게 된 것이다.

개인적인 상처가 다른 이의 고통이 되다

그러나 그 영광은 그리 오래 가지 못했다. 그의 부인은 아나스타샤였는데, 황제의 사랑을 듬뿍 받은 황후는 1554년 이반 4세의 후계자인 이반 이바노비치를 낳았다. 그런데 1560년에 일어난 모스크바 대화재가 모스크바 전역을 잿더미로 만들더니, 아나스타샤마저 열병을 앓다가 죽고 말았다.

황후가 열병으로 죽자, 이반 4세는 그의 어머니였던 황태후가 그의 나이 7세 때 독살로 살해된 것처럼 자신의 부인도 어머니처럼 독살된 것으로 오해하고 주변의 신하들을 의심하기 시작했다. 목숨을 걸고 전쟁을 승리로 이끌며 영토를 확장했던 군대의 영웅들과 귀족들이 고문을 당하거나 살해되었다. 충신들마저 감옥에 갇히거나 유배를 당하거나 처형당하는 일이 계속되었다. 그의 폭정과 광적인 학정이 계속되자 그의 최측근 장군이었던 안드레이 그래이브스키마저 적국으로 망명하는 지경에 이르렀다. 가까이서 차르를 섬기던 사람일수록 먼저 죽게 된다는 소문이 퍼졌고, 그는 스스로 자신에게 '그로즈니'라는 별명을 붙였다. 폭군, 무서운 자, 두려운 자라는 의미였다.

그런 그가 놀랍게도 1566년에 돌연 차르직을 버리고 권좌를 떠났다. 하지만 왕위를 포기하고 서민으로 살며 종교·정치적 제약에서 벗어나겠다고 했던 일은 놀랍게도 장남삼아 벌인 일이었다. 그가 차르직을 버리려고 하자 나라가 분열되는 것을 염려한 지도자들이 복귀를 권했다. 결국 다시 궁으로 돌아온 그는 무소불

위의 더욱 강력한 권한을 갖고 수많은 귀족과 사제들을 처형했다.

그는 반대 세력을 말살하기 위해 그의 개인군대인 '오프리치니크'를 구성했는데, 그야말로 '인간쓰레기' 같은 자 6,000명을 비밀 조직원으로 둔 조직이었다. 그들은 수도승처럼 검은 승복을 입고 다녔으나 사실은 살인과 고문을 하는 이반 4세의 비밀 조직들이었다.

이반 4세는 처음에는 나라의 영토를 넓히고 대러시아 제국을 키우는 전쟁을 했지만, 황후가 죽은 후부터는 잔악한 폭정으로 8년 동안 자신의 백성들과 전쟁을 했다. 그 폭정을 틈타 1571년 러시아와 오랜 원수 관계였던 타타르가 크림반도 북쪽으로 들어와 목조 도시였던 모스크바를 약 3시간 만에 잿더미로 만들었으며, 이날 하루 동안 6만 명 이상이 사망했다. 그 와중에 천재지변까지 겹쳐서 모스크바 인구 절반 이상이 죽고 말았다.

이반 4세는 점점 파국으로 치닫고 있었다. 그는 여러 명의 여자들과 재혼했기에 교회도 그의 결혼을 축복하지 않게 되었다. 1581년 11월에는 황태자비가 맘에 들지 않는 관계로 갈등 관계에 있던 황태자가 항의를 하자, 자신의 장검으로 자신의 아들 황태자를 죽이는 일까지 마다하지 않았다.

1584년 3월 17일 자정경 그는 갑자기 쓰러져 일생을 마감했다. 그러나 그는 작은 모스크바공국을 러시아 대제국으로 영토를 확장한 왕이 되었다. 그가 자신의 이름을 남기기 위해 크렘린 궁 옆에 세운 바실리 성당처럼, 그의 이름은 그렇게 역사 속에 남았다.

아름다움을 아름다움으로 남기지 못하는 인간의 어리석음

대부분의 큰 성당들은 오랜 기간에 걸쳐서 건축하는 데 비해 성 바실리 성당은 1555년에 건축을 시작해 5년만인 1560년에 완성했다. 완공된 성 바실리 성당은 너무나 아름답고 보기에 좋아 이반 4세는 그 비슷한 성당이 또 다른 곳에 세워지는 것을 싫어하여 그 성당 공사에 참여했던 모든 인부들을 장님으로 만들어 버렸다고 전해지고 있다. 세계 그 어느 곳에서도 성 바실리 성당처럼 아름다운 성당이 두 번 다시 세워지는 것을 그는 싫어했던 것이다. 황제의 명령에 따라 5년간 성 바실리 성당을 짓는 데 모

성 바실리 사원 앞에서.

든 수고를 다했던 인부들은 황제의 과욕 때문에 눈이 머는 아픔을 겪어야만 했다.

우리가 그 역사성을 잘 모르고 성 바실리 성당의 외관 모습만 보면 아름다운 성당인 줄로만 알게 된다. 하지만 그 역사를 들여다보면 그 아름다운 모습 뒤엔 수많은 인부들의 아픔과 고통과 한이 숨어 있음을 알 수 있다. 과욕과 물욕 때문에, 아름다움을 아름다움으로 남기지 못하는 인간의 어리석음을 보는 듯하다.

지혜로운 지도자는 후손들이 따먹을 과일나무를 미리 심는다

파리 에펠탑과 국가 대표 상징물

모두의 반대 속에 탄생하여 '시대적 작품'이 된 에펠탑

프랑스에 가보지 않은 사람이라도 파리의 개선문은 아마 눈에 본 듯 익숙할 것이다. 개선문은 정복자 나폴레옹이 전쟁에서 승리하고 개선해온 것을 기념해서 세운 문이라면 에펠탑은 어떻게 세워진 것일까?

에펠탑은 1889년 3월 31일 프랑스 독립혁명 100주년을 기념하는 만국박람회 당시 세워진 기념 상징물이다. 당시 공학자였던 구스타프 에펠(1832~1923년)이 300여 미터 높이의 탑을 만들어 세우겠다고 발표하자 수많은 파리 시민들은 그를 비웃었다. '철 구조물'이라는 사실 때문에 반대 여론 또한 극심했다. 그 이전까지는 대부분 대리석이나 목재를 소재로 하는 상징물이 주를 이루었기 때문이다. 높은 탑을 철 구조물로 세우겠다고 하니까 거센 반대 여론이 인 것이다.

"이렇게 아름다운 파리 시내에 웬 흉측한 철 구조물로 된 탑을 하늘 높이 세우려고 하느냐?"

그러나 극심한 반대 여론에도 불구하고 에펠은 포기하지 않고 대중을 설득하여 결국 에펠탑을 세웠다. 단, 워낙 반대가 심해 20년 후에는 자진 철거하겠다는 조건을 제시했다. 에펠탑이 세워지고 난 뒤 문제의 시한인 20년의 세월이 흘렀다. 하지만 자진 철거의 조건이나 반대의 여론은 이미 수많은 관광객들의 발길과 찬사에 묻힌 후였다.

에펠탑은 이후 프랑스와 파리를 상징하는 구조물로 건재해

왔다. 에펠탑은 수천 년 동안 인류를 지탱해 온 목재와 석재시대가 저물고 철을 중심으로 한 새로운 문명의 시대가 도래하고 있음을 보여주는 상징물이었다. 과학자요 발명왕인 에디슨도 에펠탑에 대해 '위대한 아이디어의 현장'이라고 극찬했다고 한다. 1만 5,000개의 금속 조각과 250만 개의 나사못으로 구성된 조화로움, 무게가 수천 톤에다 높이가 320.75미터에 이르는 장중함이 '시대적 작품'으로서의 완성도를 뒷받침했다.

에펠탑이 철거하려야 철거할 수 없는 불후의 작품이 되는 과정, 프랑스와 파리를 대표하는 상징물이 되는 역사를 생각하며 오늘의 우리를 떠올리게 된다. 앞을 내다보지 못하고 미래를 대비하지 않는 사람들은 현재만 생각하고 미래를 보지 못한다.

세계에 우리의 모습을 보여줄 진정한 랜드마크가 보고싶다

이명박 정부가 들어설 즈음, 서울의 모 언론사 주최 아시안 리더십 컨퍼런스에 참가한 에스코 아호 전 핀란드 총리는 핀란드가 어려웠던 시기에 총리를 지내면서 경제적 성장을 이끈 훌륭한 지도자였다. 재임 기간은 1991년부터 1995년까지였는데, 그는 항상 "지혜로운 지도자는 그 후손들이 따먹을 과일나무를 미리 심어야 한다"고 역설했다.

그렇다. 훌륭한 부모와 훌륭한 지도자는 우리가 사는 시대나 우리 자신들만이 아닌, 우리 자손들과 후대들이 따먹을 수 있는 나무를 곳곳에 심어야 한다. 삶에 필요한 과일 나무를, 나라를 지탱할 경제 나무를, 그리고 더 나은 내일을 꿈꿀 미래 나무를.

오늘날 대한민국이 이렇게 잘 살고 세계 속에 번영하며 세계의 중심에 설 수 있었던 것은 우리 조상들과 선조들의 애국심과 피땀 어린 헌신이 있었기 때문이다. 40여 년 전, 박정희 전 대통령은 우리나라의 미래를 내다보면서 경부고속도로를 착공시켰다. 그때 수많은 지도자들과 민중들이 반대했었다.

"왜 그 많은 돈을 들여서 쓸데없는 대공사를 하는가?"

이런 반대 여론이었다. 그러나 경부고속도로는 대한민국이 부국으로 가는 대동맥이었고, 우리 민족 발전의 발판의 되었다.

우리나라에도 구스타프 에펠 같은 사람이 많이 나왔으면 좋겠다. 시대와 미래를 내다보면서 준비하는 지도자들이 많이 나와서 국민의 마음을 하나로 묶는 대통합을 이루고, 작품이자 명품인 상징물이 나왔으면 좋겠다.

서울에는 대한민국과 서울을 상징하는 브랜드 같은 상징물이 없어서 아쉽다. 미국 뉴욕에는 자유의 여신상이 있고, 호주 시드니에는 오페라하우스가 있으며, 아랍에미리트 두바이에는 버즈 알아랍호텔이 있고, 중국 북경에는 만리장성이 있다. 그런데 대한민국의 수도 서울에는 왜 이런 상징물이 없을까. 남산타워? 광화문? 인사동? 스스로의 대답에 속 깊이 공감하는 국민은 별로 없을 것이다.

지금이라도 대한민국과 서울을 대표하는 랜드마크이자 브랜드 가치인 상징물, 기념비적인 명물이 세워졌으면 좋겠다. 에펠탑이 목재와 석재시대가 저물고 새로운 문명의 시대가 도래하고 있음을 보여주는 상징물이었듯이, 우리나라가 과거의 빈곤과 혼란을 딛고 세계 중심 국가로 나아가고 있음을 보여주는 상징물이면 더욱 좋겠다.

국민의 역량을 하나로 모아서 민족의 혼과 정신과 비전을 상
징하는 기념비적인 작품이 하루 속히 세워질 날을 기대해본다.
그리하여 수많은 세계인들이 '대한민국' 하면 동시에 떠올리는
상징, '서울' 하면 이구동성으로 감탄하는 이미지가 새겨지는 그
런 날을 기대해본다.

꿈을 꾸는 자에게 그 꿈은 이루어진다

미국의 항공모함의 이름으로 남은 니미츠의 꿈

니미츠, 가슴에 품은 별을 어깨에 달다

미국은 세계의 맏형 역할을 하며 세계 질서를 위한 국제경찰 역할을 한다는 말이 있다. 그 '맏형' 역할과 '국제경찰' 역할에 필요한 가장 기본적인 조건 중 하나가 군사력이다. 제2차 세계대전 이후 명실상부한 세계 최고가 된 미국의 군사력을 상징적으로 보여주는 것이 바로 항공모함이다.

미국에는 여러 척의 항공모함이 있는데, 그 항공모함은 수천 명의 군인을 승선시키고 수십 대의 비행기를 싣고 다니는 '움직이는 야전 사령부'라고 해야 할 것이다. 그런 항공모함은 모두 전직 대통령의 이름을 붙여서 부르는데, 그 중 예외적으로 유일하게 해군 제독 이름으로 불리는 항공모함이 바로 니미츠호다.

몇 년 전 우리나라에 왔다간 니미츠호는 1961년에 미국이 건조한 것으로, 길이가 318미터, 폭이 39미터, 배수량은 약 6~8만 톤 가량이다. 니미츠호는 그 크기가 축구장 3개를 합쳐놓은 규모에 이르는 어마어마한 군함이다.

그 항공모함의 이름으로 남은 체스터 윌리엄 니미츠(Chester William Nimiez, 1885~1966년)는 태어나기도 전에 아버지를 잃었다. 대신 그는 독일 상선의 선원이었던 할아버지로부터 많은 영향을 받고 자랐다. 그는 육군 장교가 되기를 희망하여 지원했으나 자리가 없어서 그 꿈을 접어야 했는데, 마침 그가 살던 지역의 하원의원이었던 제임스 L. 슬레이든이 그에게 해군 지원을 권했다. 제임스 의원의 권유대로 니미츠는 해군사관학교에 진학하여 우수한 성적으로 졸업했다.

그가 사관학교를 졸업할 때 그의 여자친구는 그가 앞으로 해군 제독이 되기를 소망하는 마음으로 별 4개짜리 계급장을 선물했다. 니미츠 소위는 가슴속 주머니 속에 계급장을 품고 다니며 언젠가 해군 최고의 자리에 오를 것이라는 꿈을 가지고 근무했다. 그런데 어느 날 그가 근무하는 사령부의 사령관이 옷을 세탁소에 맡겼는데 그만 계급장이 없어져버렸다. 사령관은 사령관 계급장이 달린 옷을 입고 사열을 해야 하는데, 계급장이 없어져서 낭패를 당하게 되었다. 사령관은 부관을 시켜서 혹시 누가 별 4개짜리 계급장을 갖고 있으면 급히 사령관실로 가져오면 상을 주겠다고 방송했다. 그러나 부관들은 별 4개짜리 계급장을 가지고 올 수 있는 사람은 아무도 없으리라고 생각하고 기대도 하지 않았다. 왜냐하면 그 사령부에는 브라운이라는 사령관 한 명 외에는 별 4개를 단 다른 군인이 없었기 때문이다.

그때 니미츠 소위가 자신이 품고 다니던 별 4개짜리 계급장을 가지고 사령관실로 달려왔다. 사령관은 반가운 마음으로 이렇게 물었다.

"자네는 소위 신분인데 어떻게 별 4개짜리 사령관 계급장을 가지고 있나?"

그러자 니미츠가 대답했다.

"그 계급장은 제가 해군사관학교를 졸업할 때 여자친구에게 받은 선물입니다. 제 여자친구는 언젠가 제가 해군 제독이 될 것이라고 말했습니다."

사령관은 니미츠 소위에게서 빌린 계급장을 달고 별 탈 없이 사열을 마칠 수 있었다.

그로부터 몇십 년이 흘러갔다.

1905년에 해군사관학교를 졸업한 니미츠는 제1차 세계대전 때 미국 대서양 잠수함부대 사령관 참모장으로 복무했고, 해군과 육군에서 여러 중요한 직책을 두루 거친 뒤 1939년 미 해군의 항해국장으로 임명되었다. 또 1941년 12월 일본의 진주만 공격 이후 태평양함대의 사령관으로 승진하여 육군과 해군을 함께 통솔하는 지휘관이 되었다. 그리하여 일본의 진주만 공격을 격퇴시켰고, 그 이후에도 여러 전투를 승리로 이끌었다.

1944년 12월 니미츠는 해군 원수로 승진했고, 1945년 9월 2

일 도쿄만에 있는 그의 사령선 미주리호 선상에서 역사적인 일본의 항복 문서 조인이 이루어졌다. 제2차 세계대전이 끝난 뒤 해군 참모총장이 된 그의 공적을 기리며, 항공모함 이름을 니미츠호라고 붙인 것이다.

움직이며 실천하면 그 꿈은 성취된다

그렇다. 해군사관학교를 졸업할 때 별 4개의 계급장을 선물로 받아 가슴에 품고 다니면서 '나는 앞으로 반드시 해군 사령관이 되고 말겠다'는 꿈을 가진 니미츠! 그로부터 약 40년이 지난 뒤 그는 진짜 별 4개를 단 사령관이 되어있었다.

흔히 꿈은 이루어진다고 말한다. 그러므로 어떤 꿈을 가슴에 품고 있느냐가 중요하다.

아브라함 링컨은 어릴 때 어머니를 따라 시장에 나갔다가, 흑인 엄마와 그 딸이 각각 다른 집으로 노예로 팔려가면서 헤어지지 않으려고 울부짖는 가운데 그들을 돈 주고 사가는 주인이 짐

승을 대하듯이 매질하는 것을 보았다. 그 광경에 흑인 엄마와 딸이 왜 저렇게 맞아야 하고 팔려가야 하느냐고 어머니께 묻게 되었다. 그때 링컨의 어머니의 대답은 이랬다.

"제도가 잘못되어서 그렇단다."

그러자 링컨이 다시 물었다.

"그러면 그 잘못된 제도를 고치면 될 거 아니에요?"

어머니가 다시 대답했다.

"가진 자나 부자들은 노예를 부리는 것이 좋기 때문에 안 고치려고 하니까 그렇단다. 법을 고치려고 하면 대통령이 나서서 그들과 싸우며 이겨내야 된단다."

어머니의 얘기를 들은 링컨은 그때부터 대통령이 되어 잘못된 제도를 고치고 노예를 해방시켜야 되겠다고 생각하며 꿈을 키웠다. 링컨의 학력은 9개월 정도 다닌 학교가 전부였지만, 그의 목표와 꿈은 확실했다. 계속되는 시련과 실패 속에서도 다시 도전을 계속하여 변호사가 되고 대통령이 되었으며, 마침내 그 꿈은 실현되었다.

꿈은 이루어진다.

꿈을 꾸어야 한다. 꿈을 그림으로 그려야 한다. 도표로 그려야 한다. 컬러 그림으로 그려야 하고, 눈을 감아도 보일 만큼 선명해져야 한다. 육신이 잠이 들면 꿈을 꾸지만, 움직이며 실천하면 그 꿈은 성취된다.

니미츠 소위가 사령관이 되고자 한 꿈은 성취되었다. 그는 대단한 전략가요 지휘관으로 이름을 날렸으며, 그 이름이 '움직이는 사령부'인 항공모함에 남아 지금도 태평양 바다를 누비며 평화를 지키고 있다. '꿈은 이루어진다'는 것을 다시 한 번 확인시켜 준 것이다.

그런 꿈이 있는 사람은 근무태도도 꿈이 없는 사람과는 확연히 차이가 나기 마련이다. 앞으로 사성장군으로, 사령관으로 최고의 제독자리에 오르고야 말겠다는 큰 꿈을 가진 니미츠는 근무하는 태도도 꿈이 없는 사람과는 달랐을 것이다.

오늘 우리는 어떤 꿈과 비전을 가지고 살아가고 있는지 꿈과 비전을 점검해봤으면 좋겠다.

우리의 시간은
더 길 수도 짧을 수도 있다

류비셰프의 시간 활용법

하루 24시간을 240시간처럼 쓴 류비셰프

시간을 가장 귀하게 잘 활용한 사람은 러시아 사람 류비셰프가 아닌가 생각한다. 알렉산드르 알렉산드로비치 류비셰프는 1890년 러시아의 고대 수도였던 상트페테르부르크에서 태어났다. 그는 페테르부르크대학교 물리재료학부를 1911년에 졸업했으며, 대학교수와 연구소 연구원 생활을 거쳐 1930년대에는 레닌그라드 연방식물보호 연구소에서 곤충학을 연구했다. 그 이후 키예프생물연구소에서 근무했고, 울리야놉스크교육대학의 동물학 부장으로 재직하다가 1955년 65세의 나이로 은퇴했으며, 1972년 8월 31일 82세를 일기로 이 세상을 떠났다.

그의 82년 인생은 보통 사람의 82년과 달랐다. 그는 하루 24시간을 240시간처럼 잘 활용한 인물이었다. 시간은 하나님이 인간에게 부여해주신 선물이다. 그 소중한 선물을 어떻게 효과적으로 활용하며 살아야 하는지 그 모델케이스로 잘 보여준 인물이었다.

하나님은 남녀노소, 빈부귀천, 지식의 유무를 막론하고 누구에게나 공평하게 하루 24시간이라는 시간을 선물로 주었다. 이 시간들이 모여 '일생'이 되고 '인생'이 되는 것이다. 이 하루하루를 어떻게 잘 활용하고 가치 있게 사용하며 살 것인가?

수녀이기도 한 이해인 시인은 이런 글을 썼다.

"오늘 우리에게 주어진 이 하루가, 어제 죽어간 사람들이 그토록 생명을 연장해서 더 잘 살아보고 싶어 했던 하루가 아니겠는가."

우리는 반복되는 '오늘 또 하루'라고 생각하기 쉽다. 어제나 오늘이나 또는 내일이나 변함없이 당연히 찾아올 하루라고 생각하면서 별로 의미 없이 시간을 보내기가 쉽다.

하루 24시간을 아주 의미 있고 보람되며 가치 있게 사용하는 지혜가 무엇일까?

류비셰프는 살아생전에 70여 권의 학술서적을 남겼으며, 또 1만 2,500여 장에 달하는 논문과 연구 자료를 남기기도 했다. 그의 해박한 지식과 연구논문들의 대부분은 그가 죽은 후 출간되었다.

류비셰프는 그의 나이 26세 때인 1916년부터 매일 일기를 쓰기 시작했다. 볼셰비키 혁명이 일어났던 날에도, 전쟁 중에도, 곤충을 연구하면서도, 병원에 입원해 있으면서도, 여행 중 기차 안에서도, 현장 답사 중에서도 단 하루도 빠지지 않고 매일매일의 일상들을 '일기'라는 기록으로 남겼다. 류비셰프는 하루를 시간 단위로, 그리고 분 단위로 사용했고, 또 그 순간을 기록으로 남긴 것이다.

기록을 통해 시간의 가치를 빛낸 사람들

미국의 맹인이며 시인이자 작곡가였던 화니 크로스비는 한 살 때 눈에 상처가 났고, 돌팔이 의사의 잘못된 치료로 그만 맹인이 되고 말았다. 그의 어머니는 돈을 벌기 위해 직장에 다녔고, 그는 할머니와 함께 시간을 보내야 했다.

어린 손녀가 맹인이 된 모습을 보면서 할머니는 그녀에게 시간이 나는 대로 성경 속 위인들의 얘기를 계속 들려주었다. 어린 소녀 크로스비는 위인들의 얘기를 들으며 상상의 나래를 펴고, 자신도 그들처럼 크게 비상하는 꿈을 꾸었다.

그녀는 시를 1만 편 가량 썼고, 그 가운데서 8,000편 가까이는 곡을 붙여서 찬송이 됐다. 2,000여 편은 시로 남겼다. 시간 속에서 시를 쓰고 또 쓰고, 그리고 기록으로 남겼던 것이다.

과학자 에디슨은 연구하면서 계속 기록하고 메모했다. 또 연구하면서 그 과정을 기록하여 그의 평생에 3,200여 권의 기록을 남겼다.

이들은 곤충연구가로서의 연구활동이나 근무지에서의 일들을 시간과 분 단위로 나누어 평생 일기 형식으로, 책으로, 논문으로 남긴 류비셰프와 닮아 있다. 그는 반복되는 일상의 삶 속에서 잠은 몇 시간 잤고, 산책은 몇 분을 했으며, 연구활동은 몇 시간 몇 분이나 했고, 음악이나 영화감상은 몇 시간 몇 분이었으며, 글 쓰는 데 몇 시간 몇 분이 걸렸다는 등 모든 일상을 시간과 분 단위의 기록으로 상세하게 남겼다.

어떤 이는 "그렇게 시간을 세세하게 기록하며 살면 시간에 얽매여 시간의 노예처럼 살게 되고, 너무 속박당하면서 살면 자유가 침해당하게 되고, 삶이 불편하게 될 것"이라고 말하기도 한다. 일면 그렇게도 생각할 수 있다. 그러나 하루 24시간을 계획성 없이 대충대충 사는 사람들이 너무나 많다고 생각한다.

류비셰프처럼 시간을 잘 활용하지는 못한다 할지라도 나름대로 알뜰하게 시간을 활용하기 위해서는 계획성 있게 살아야 한다. 그래야 낭비와 허비로부터 시간을 지키고, 효과적으로 활용하게 되는 것이다.

예를 들면 나의 일생 동안의 인생 계획표 같은 큰 밑그림을 그리고 나는 몇 살 때까지 어떻게 도전하고 성취할 것이며, 어떤 분야에 도전할 것이며, 청소년기와 청장년기와 노년기에는 어떻게 도전하고 성취하며 살아야 되겠다는 인생의 설계도를 그리는 것이다. 본인이 하고 싶은 일과 성취하고자 하는 꿈과 도전, 전략 등의 큰 밑그림이 있어야 하지 않을까 생각한다. 그런 인생 계획표 안에서 올 한 해 동안 도전하고 성취하고자 하는 일들도 그리고, 이번 한 달과 이번 한 주간과 오늘 하루의 계획, 즉 월간 계획표와 주간 계획표를 만드는 것이다. 하루 스케줄이 구체적이면 구체적일수록 성취도가 높고 시간 활용도 용이해진다.

필자는 하루 스케줄과 내일 스케줄, 그리고 주간 스케줄에 따라서 시간을 가치 있게 활용하고자 애쓴다.

어떤 사람은 하루 24시간을 240시간처럼 너무나 가치 있고 알뜰하고 의미 있게 사용하는가 하면, 어떤 사람은 24시간을 2

시간처럼 가치 없이 낭비하고 황금 같은 시간을 낭비하며 산다. 건강할 때는 건강의 소중함을 잘 느끼지 못하다가, 중한 병에 걸리고 나서야 건강을 회복해보려고 애쓰면서 건강의 소중함을 뒤늦게 깨닫는 사람이 많다. 자유가 있는 곳에서는 자유의 소중함을 못 느끼며 살기가 쉽다. 그러나 자유를 향한 탈북자들의 탈출 과정과 고통을 들여다보면 자유의 소중함을 새삼 느낀다.

부모님 밑에서 사랑과 보호를 받고 자란 사람은 부모님의 은혜를 잘 모른다. 그러나 어린 나이에 입양아로 보내져 외국의 양부모 아래서 자란 사람은 그 뿌리를 알고 싶어 애타게 혈육을 찾는다. 그 모습을 보면서 부모와 뿌리를 아는 것의 소중함을 느낀다.

언제나 청춘으로만 살 줄 알았는데 어느 날 불치병에 걸려서 의사로부터 몇 주 혹은 몇 달 안에 생을 마감할 수 있다는 시한부 선고를 받고나서야 진정으로 자기 자신을 돌아본다. 그리고 남은 시간이 너무나 아깝고 아쉽고 소중함을 뼈저리게 느끼게 된다. "왜 내가 건강할 때 그 많은 세월들을, 그 많은 시간들을 가치 없이 허비하며 살았던가"하면서 후회하게 된다.

시간들이 합쳐져서 인생이 되고 일생이 되며 나의 인생 역사가 된다

자신을 불치병에라도 걸려서 시한부 판정을 받은 사람이라고 생각해 보자. 남은 시간들을 너무나도 아까워하는 환자처럼 시간을 아끼고 잘 선용할 수 있다면 아마도 시간을 제대로 활용하며 사는 게 아닐까 싶다.

흐르는 시간은 멈추지 않는다. 아니, 멈출 수 없다. 시간은 흘러가는 시냇물과 같아서 사용하든 사용하지 않든 계속 흘러만 간다. 흘러가는 시간은 저장해 두었다가 필요한 시기에 끄집어내어 재활용할 수 있는 것이 아니다.

하루 중 오전 시간을 맞이하면서 어떻게 하면 이 오전 시간을 어제보다 더 가치 있게 사용할 것인가를 생각하며 시간을 활용해보면 어떨까? 오후 시간에는 어떻게 하면 오전 시간보다 더 가치 있는 오후 시간으로 만들 것인가를 생각하며 활용해보면 어떨까? 아마도 그 시간들을 더 귀하게 쓸 수 있지 않을까 싶다.

저녁 시간에는 어떻게 하면 낮 시간보다 더 의미 있는 시간이 되게 할 수 있을까를 생각하며 시간을 잘 활용해보자. 여가 시간과 빈 시간들을 취미 활동이나 독서, 운동, 또는 자기 개발을 위한 가치 있는 일에 쓰자. 그렇게 시간을 아끼자.

준비하는 자에게 기회의 시간표는 온다

중국의 강태공과 이스라엘의 다윗

빈 낚시대로 시간과 세월을 낚은 강태공

중국의 유명한 병법서인 《육도(六韜)》는 후대의 병법가들에게 많은 영향을 미친 책이다. 이 책의 저자는 바로 그 유명한 강태공이다. 강태공은 본명이 강상(姜尙)이며 애칭이 태공(太公)이었다. 그는 정치에 뛰어났고, 주나라 초기의 정치가와 무당을 도와 은나라를 멸망시키고 천하를 점령했으며, 제나라의 시조가 되었다.

중국 《사기(史記)》의 '제태공세가(齊太公世家)에 의하면 그는 백이(伯夷)의 후손으로서, 산둥성 해안지방 출신이었다. 매사 하는 일이 잘 안 되고 가정은 어려웠는데, 공부와 정치에 큰 꿈을 가지고 있어서 집안을 잘 돌보지 못했다. 그러자 그의 아내는 돈도 가져다주지 않는 백수와는 못살겠다며 집을 뛰쳐나가 버렸다고 한다.

아내마저 집을 나간 후 태공은 웨이수이강에서 빈 낚싯대를 강물에 드리우고 나라와 정치에 대한 꿈을 그리며 생각에 잠겨 있었다. 그때 후일 주나라 문왕이 된 서백(西伯)이 그곳을 지나다가 태공에게 물었다.

"고기가 잘 잡힙니까? 낚시찌를 그렇게 하고서야 어떻게 고기를 잡겠습니까?"

태공의 대답은 가히 시적(詩的)이었다.

"저는 지금 낚시를 하고 앉아 있는 게 아니고 시간과 세월을 낚고 있습니다. 나라가 어려울 때일수록 인재를 바르게 써야 합니다. 그런데 저는 이미 준비된 사람이거늘, 임자를 못 만나서 여기에 앉아 시절과 세월을 낚고 있지요."

서백은 태공의 범상치 않음을 알아챘고, 이어진 문답을 통해 그의 인물됨을 확신하게 되었다. 그리하여 곧 주나라 재상으로 등용되었다. 그가 주나라의 중요한 자리를 맡아 정치하러 간다는 얘기를 전해 듣게 되자, 집을 나갔던 아내가 달려와서 자신도 데리고 가줄 것을 부탁했다. 이 때 강태공은 난데없이 물 한 통을 땅바닥에 부으면서 말했다.

"지금 이 흩어진 물을 다시 담을 수 있겠소? 부어진 물을 도로 담을 수 없듯이 우리 관계도 되돌릴 수 없소."

그리고는 혼자 관가로 떠났다.

그는 주나라의 군사(軍師)이자 지휘관으로서 은나라를 물리치는 데 결정적인 공을 세웠다. 그 공로로 제후로 봉해졌고, 춘추전국시대 제나라의 창시자가 되었다.

제나라의 영토는 현재의 산둥성인데, 당시 많은 이민족이 살던 곳이었다. 태공은 그들을 주나라 백성으로 동화시켜 주나라 왕조의 동북지역을 안정시켰다. 또 농업과 어업, 상업 등의 산업을 일으켜 제나라의 경제적 안정을 다지는 데 공헌했다.

태공은 본명이 강상이지만 그의 선조가 여나라에 봉하여졌

인천 앞바다에서 바다
낚시를 하는 필자.

으므로 여상(呂尚)이라고 불리기도 했다. 또 태공망(太公望)이라
고도 불려졌으나 가장 흔히 부르는 이름은 강태공이다. 특히 낚
시를 잘하는 사람을 일컬어 강태공이라고 부른다.

강태공은 군사술과 병법에 뛰어났고, 정치와 경제 등 다방면
에 뛰어난 인재였다. 하지만 처음에는 앞길이 막히고 일이 잘 안
풀려서 고생했고, 급기야 아내마저 못 살겠다고 집을 나가버리는
지경에 이르렀다. 그런데도 그는 빈 낚싯대를 강에 던져 넣고 "시

대를 낚고 세월을 낚으려고 앉아 있다”고 했다. 그렇게 낚시를 하며 사색에 잠겨있을 때 주나라의 문왕을 만났고, 낚시와 고기 애기를 하다가 중용되었다. 세월을 낚는 사람, 시대를 낚는 사람, 정말 이 시대에 꼭 필요한 사람, 준비된 사람으로서 시간을 기다리며 세월을 기다린 자에게 시간표는 찾아왔던 것이다.

돈을 벌어오지 않는다고 집을 뛰쳐나갔던 그 아내는 남편이 성공의 길로 가자 자신을 데리고 가달라고 호소했지만 그는 물리쳤다. 인내를 버려서 시간표를 놓친 사람이 바로 태공의 아내였던 것이다.

얼마 전 해군의 천안함이 북한의 폭침으로 함정은 두 동강이 났고, 우리의 젊은 장병이 46명이나 희생되었다. 그렇게 희생된 한 젊은 병사는 어릴 때 어머니와 아버지가 이혼한 후, 아버지 밑에서 자랐다고 한다. 어린 아들을 두고 떠나간 어머니가 한 번도 찾아오지 않더니 그 아들이 군에서 죽고 보상금이 나온다니까 얼른 와서 보상금 절반을 수령해갔다. 때문에 병사의 아버지가 돈을 돌려달라고 소송을 제기한다는 신문기사를 보았다. 그 이후에 그 보상금은 어떻게 처리되었는지 잘 모른다. 하지만 어려울 때는 떠나갔다가 좋아지니까 찾아온 강태공 부인이나, 순직한 병사의 어머니는 왠지 씁쓸한 맛을 남긴다.

준비하라. 그리고 때를 기다리라. 그러면 반드시 시간표는 온다. 시간을 낚시하고 세월을 낚겠다고 앉아있던 강태공에게 나라의 중요한 자리가 기다리고 있었던 것처럼, 준비하는 자에게는 반드시 시간표가 오는 것이다.

준비된 다윗이 거인 골리앗을 누르다

다윗은 그 부친 이새의 여덟 번째 자식으로 막내아들이었지만, 부친의 양을 치는 목동생활을 했다. 가끔 사자나 곰이 나타나서 양을 해치는 까닭에 다윗은 그 양을 잃지 않기 위해 돌 던지는 연습을 수도 없이 반복하게 되었고, 드디어 백발백중 명중시킬 만큼 돌 던지는 전문가가 되었다.

어느 날 그 부친 이새의 심부름으로 전쟁터를 다녀오게 되었다. 블레셋과 이스라엘이 서로 대치하며 전쟁을 위하여 긴박하게 마주보며 싸울 준비를 하고 있던 그 때, 이미 전쟁터에 소집되어 나가 있던 형 세 명의 안부를 알아보기 위해 전방에 심부름을 간 것이다. 때마침 블레셋의 군대장관 거인 골리앗이 크게 소리쳤다.

"이스라엘의 대표 한 사람과 블레셋의 대표인 내가 일대일로 싸워서 내가 지면 블레셋이 이스라엘의 속국이 되고, 이스라엘이 지면 이스라엘은 블레셋의 종이 되게 하라!"

이렇게 온갖 모욕과 협박을 했다. 그 현장을 직접 목격한 다윗은 천부장과 왕에게 찾아가서 자신이 골리앗을 단번에 물리치도록 허락해달라고 말했다.

그리곤 드디어 그는 물맷돌 다섯 개를 주워서 골리앗 앞으로 나가 마주봤다. 골리앗은 어린 소년 다윗을 보고 비웃었고, 업신여기며 경멸했다. 다윗은 골리앗을 향하여 돌을 하나 던졌는데 그 돌은 갑옷을 입고 모자를 쓴 골리앗의 이마를 파고들어 머릿속으로 들어갔고, 그러자 거인 골리앗도 어쩔 수 없이 벌렁 나자빠졌다. 그 광경을 지켜보던 블레셋 군인들은 혼비백산하여 도망쳤고, 전쟁은 간단하게 이스라엘의 승리로 끝났다. 어린 다윗이 거인 골리앗을 통쾌하게 물리치고 스타로 등극하는 장면이다.

이와 같이 미리 준비가 되어 있으면 생각지 않은 때에 생각지 못한 장소에서 길이 열리고 문이 열린다. 강태공처럼 준비하고 시간표를 낚아보는 것이 어떨까.

Part 03

기.적.은. 우.리. 안.에. **잠.들.어.** 있.다.

꽃상여를 타고 죽음을 맞은 의로운 소

사람보다 더 깊은 정을 아는 송아지

경북 상주시 사벌면 묵상리에 가면 마을회관이 있고, 그 마을회관에는 '의우총(義牛塚)', 즉 '의로운 소'를 기리는 기념 비석이 세워져 있다. 죽은 후 사람도 극히 일부만이 갖는 기념비를 죽은 소를 위해 세웠다니 그 사연이 자못 궁금하다.

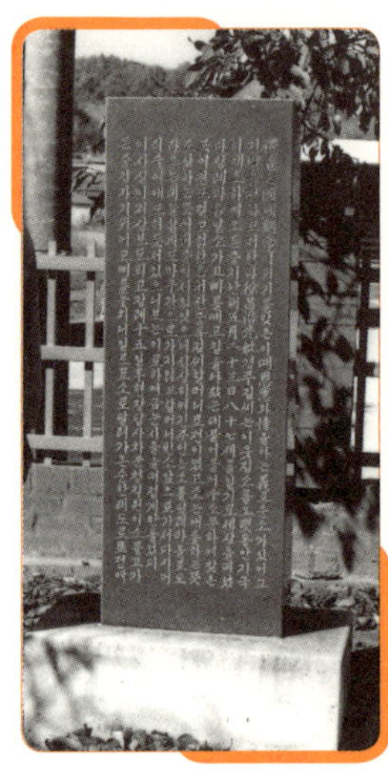

'의로운 소'를 기리는 비석.

사연은 지금으로부터 20년 가까운 세월로 거슬러 올라간다. 1992년 8월 그 묵상리에 살던 임봉선 할머니는 경북 예천에서 누렁이 암송아지 한 마리를 사와 길렀다. 할머니 집 바로 건너 집에는 김보배 할머니가 살았는데, 김 할머니는 임 할머니와 친구 사이로 하루에도 여러 번 왕래를 했다. 김 할머니는 임 할머니 집에 놀러 오는 길이나 집으로 돌아가는 길에 늘 누렁이를 쓰다듬고 어루만져주면서 대화를 나눴다.

“아이구 참 이쁘고 잘 생겼구먼.”

“여물 잘 묵고 잘 자라거라.”

이런 다정한 말과 사랑스런 손길에 누렁이도 김 할머니만 보면 꼬리를 흔들고 머리를 흔들며 반갑다는 시늉을 했다. 김 할머니와 누렁이 사이에 사람 이상의 정이 통한 것이다. 아니, 그것은 정을 주는데도 받지 못하고 나누지 못하는 일부 사람들보다 오히려 더 깊고 따뜻한 정이었다.

꽃상여를 타고 떠난 속 깊은 누렁이

그렇게 누렁이를 예뻐해 주던 김 할머니가 1994년 5월 세상을 떠났다. 그런데 할머니가의 장례식을 치루던 바로 그날 오후, 누렁이가 고삐를 끊고 온데간데없이 사라져버렸다. 누렁이의 주인인 임 할머니 가족들은 온 마을로 들로 누렁이를 찾으러 다녔으나 도저히 찾을 수가 없었다.

그 얼마 후, 누렁이가 발견된 곳은 전혀 뜻밖의 장소였다. 바로 마을에서 5리나 떨어져 있던 깊은 산중의 김 할머니 무덤 앞이었다. 그 앞에서 누렁이는 마치 사람처럼 눈물을 흘리며 서 있었다. 임 할머니 가족들이 끌고 오려고 안간힘을 다했지만 누렁이는 한 발도 떼지 않고 김 할머니 무덤을 지켰다.

겨우 힘을 다해 실랑이 한 끝에 간신히 집으로 데려오긴 했지만 누렁이가 들어간 곳은 자신의 주인인 임 할머니 집 우리가 아니었다. 누렁이는 앞집 김 할머니의 상가 마당에 서서 다시 하염없이 눈물을 흘리며 서 있었다.

그러자 당시 상주였던 서창호 씨는 빈소를 찾은 누렁이에게 막걸리 두 병과 두부 세 모, 양배추 한 포기 등 소가 좋아하는 음식들을 내놓았다. 그리고 귀한 문상객을 맞이하듯이 누렁이에게 예를 갖추었다.

이 얘기가 널리 퍼지면서 마을 안팎으로 의견이 모아졌다. 누렁이와 같이 예를 알고 이별의 아픔을 나누는 소는 일을 시켜서도 안 되고, 잡아먹어서도 안 되며, 다른 곳으로 팔려가도록 해서도 안 된다는 의견이 주를 이루었다. 나아가 김 할머니 집 상주들이 임 할머니에게 그 소를 사서 한 집안 식구처럼 살아야 한다는 의견도 모아졌다. 그 뜻을 함께 한 대림산업 정하록 사장이 100만 원, 동물애호가 우부영 씨가 50만 원, 김 할머니의 손자 서동녕 씨가 50만 원을 모아 누렁이 소를 샀다. 그리고 살아생전 그토록 깊은 정을 나누던 김 할머니의 친구인 임 할머니에게 누렁이를 맡겨, 편안히 자연사할 때까지 돌봐주게 했다.

누렁이는 장수하다가 2006년 연말이 될 무렵에 죽을 때가 다가왔다. 소가 숨을 거두기 위해 숨을 가쁘게 쉬면 시청의 공무원들과 면사무소의 공무원들이 지켜보러 왔다가 다시 소가 소생하면 되돌아가기를 몇 달, 2007년 1월 11일 밤 7시 40분에 누렁이는 15세의 나이로 죽음을 맞았다. 누렁이의 마지막 모습은, 눈앞에 보여준 김보배 할머니의 영정을 혀로 몇 번 핥는 일이었다. 그토록 그리던 할머니 곁으로 가게 된 누렁이는 아주 편안한 죽음을 맞았다.

사후에 이정백 상주시장을 비롯한 시청 직원과 면사무소 직원, 이웃 주민 등 120여 명이 모여서 사람의 장례씩보다 더 성대한 소 장례식을 마련해 주었다. 소가 꽃상여를 타고 장지로 간 일은 아마 전무후무한 역사로 남을 것이다.

아름다운 일에 나부터 기념비적인 사람이 되자

누렁이의 무덤은 상주시 사벌면에 있는 상주박물관 옆에 마련됐고, 소가죽은 박제를 하여 기념으로 남겨졌다. 묵상리 마을 회관에는 누렁이와 김보배 할머니의 아름다운 실화가 글로 새겨져서 기념비로 세워졌으며, 임봉선 할머니 댁 대문 앞에는 누렁이 사진과 함께 사연의 내막이 실린 안내 표지판이 걸려 있다.

필자는 직접 묵상리를 찾았을 때, 사람보다 귀한 정을 나누고 간 누렁이를 생각하며 숙연한 마음이었다. 옛말에 '사람은 죽어서 이름을 남기고 짐승은 죽어서 가죽을 남긴다'는 말이 있다. 소가 죽어서 가죽은 물론 기념비까지 남기는데, 만물의 영장이라는 사람은 죽어서 진정 가치 있는 무엇인가를 남기고 있는가. 혹시 '먹다 죽다'라는 기념문구만 남기는 잘못된 삶을 살고 있지는 않은가. 이 땅에 태어나서 몇십 년 살면서 환경만 오염시키고

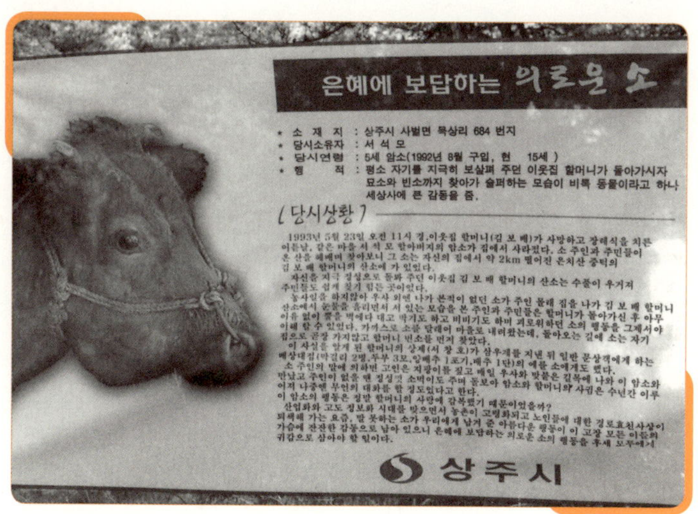

상주시 사벌면 묵상리 임봉선 할머니 집 대문 앞에 붙어 있는 안내표지.

별로 좋은 일, 착한 일 한 번 못하고, 별 의미 없이 살다가 간다면 너무 허무한 인생이 아닐까.

단 한 번뿐인 인생을 착한 일에, 아름다운 일에 나부터 기념비적인 사람이 되었으면 좋겠다. 감사함에, 남다른 정에, 이별에 무심하지 않았던 누렁이를 생각한다.

내 딸을 백 원에 팝니다

굶주리는 북한 동포를 생각하며

딸을 백 원에 팔 수밖에 없는 어머니의 울부짖음

북한 조선 노동당 작가로 활동하다가 2004년 탈북한 장진성 씨가 시집을 냈다. 그런데 그 제목이 심상치 않다. 시집 제목이 《내 딸을 백 원에 팝니다》인 것이다.

장진성 씨는 그의 시집에서 수많은 인민들이 굶주림에 허덕이다가 결국 굶어죽는 광경을 구구절절이 시로 그려내고 있다. 충격적인 것은, 어느 딸아이를 옆에 둔 엄마가 '내 딸을 백 원에 팝니다'라는 글을 써서 들고 있는 장면이다. 그 어머니를 보고 어느 군인이 백 원을 쥐어주자 그 돈을 들고 달려가서 밀가루 빵을 사들고 허둥지둥 달려와서 딸아이의 입에 빵을 넣어주며 마지막 이별의 말을 건넸다.

"용서해라, 이 어미를."

시인은 '이 말을 하며 그녀는 목 놓아 울부짖었다'고 쓰고 있다.

오죽했으면 자신의 딸을 백 원에 팔았을까. 그 굶주림의 고통을 맛보지 않은 사람이 어떻게 함부로 그 어머니를 욕할 수 있으랴. 백 원에 팔려가는 딸도 굶어서 쓰러지기 직전일 테고, 백 원에 딸을 파는 어머니의 심정은 칼로 가슴을 도려내는 심정이 아닐까.

장진성 씨는 북한에서 최고 명문 김일성종합대학을 졸업했고, 조선작가동맹중앙위원회의 열렬한 회원이자 조선노동당 작가 및 시인으로 근무했다고 한다. 북한에서는 시인이며 작가라면 귀족 대우를 받는다고 한다. 북한 〈노동신문〉에 서정시나 서사시들을 자주 게재했다는데, 그런 글은 김정일에 대한 찬사이거나 김정일에게 특별한 서명을 받은 작품들만 가능하다고 한다. 그 또한 김정일과 함께 사진도 찍고 특별대우도 받은 20대 때엔 너무 행복했다고 한다. 그러나 그것은 노예의 행복이었다. 결국 '가장 가난한 나라에 가장 부유한 왕이 살고 있음'을 알았을 때 그는 마침내 탈북을 결심하고 대한민국으로 귀순하게 되었다고 한다.

그는 북한에서 직접 눈으로 확인했던 300만 명의 아사자(餓死者)에 대한 참담한 사실을 폭로해야 한다는 사명감으로 북한에서 틈틈이 기록한 시들을 가슴에 품고 한국으로 왔다고 한다. 그는 자신의 수기를 인터넷에 올렸는데, '대한민국의 젊은이들에게 이렇게 부르짖고 싶다'고 했다.

"당신들에겐 그냥 태어난 대한민국이지만 우리 탈북자들에겐 이렇게 죽기를 각오하고 찾아오지 않으면 안 되는 대한민국이었다. 정녕 조국이란 태어난 곳이 아니라 죽어서도 묻히고 싶은 곳이다. 오늘의 대한민국을 건설하는 데 수고하신 대한민국의 어르신들에게 엎드려 큰 절을 드리고 싶다. 내 조국 반쪽이라도 이

렇듯 자유의 땅, 민주주의 땅, 평화와 복지와 선진화의 조국으로
만들어 주셨기에 우리는 우리의 생명도 사람의 것이라고 기어이
살아서 가리다 외치면서 사생결단하고 여기까지 올 수 있었다.”

반쪽의 조국을 생각하자

아름다운 금수강산 대한민국에서 살면서 장진성 씨처럼 선
조들과 어르신들께 진심으로 감사하면서 사는 사람이 과연 얼
마나 될까?

아직도 북한에서는 굶주림에 고통당하는 사람이 너무나 많
다. 필자는 12년 동안 국경 근처에서 탈북자를 돕고 있다. 굶주림
과 질병으로 급히 병원으로 데려가서 수술까지 해준 사람도 여
러 명 있었다.

지금 대한민국에서는 너무 많이 먹어서 비만한 사람이 어디
한둘이겠는가. 배불리 먹고 행복을 누리는 우리가 이제 저 북녘
땅에서 굶주림에 시달리는 동포들을 생각할 수 있는 마음의 여

유를 가졌으면 좋겠다.

통일은 반드시 되리라고 나는 믿는다. 통일시대를 대비하기 위하여 우리는 국내에 들어와 있는 새터민들을 잘 품을 수 있어야 한다.

장신성 씨가 그토록 고마워한 대한민국의 반쪽의 조국과, 오늘을 일구어 준 선조들에게 우리도 그처럼 감사한 마음을 가졌으면 좋겠다. 조국과 선조들에게 대한 감사한 마음을 가지고, 이 땅에 들어와 있는 탈북자와 새터민들을 생각하자. 또한 지금도 굶주림 속에 북한 어느 장터에서 '내 딸을 백 원에 팝니다'라고 울부짖으며 죽어가는 동포를 생각할 수 있는 마음을 모두가 가졌으면 좋겠다.

시련을 딛고 일어선
진정한 우리의 챔피언

세계를 석권한 여자복서 김주희

거인체육관의 거인, 정문호 관장

필자는 10년이 넘게 탈북자를 도왔고, 탈북자가 많은 국경지
대를 매달 다녀오면서 선교활동을 했다. 그러다가 국내에 들어와
있는 탈북 청소년 가운데 학교에 잘 적응을 하지 못하는 청소년
을 돕기 위하여 탈북 청소년 학교인 '한민족렘넌트학교'를 세웠

다. 학교가 세워진 곳은 입찰을 통해 임대받은 인천시 옹진군 영흥면 소재의 한 폐교다.

이 학교에서는 탈북 청소년들에게 검정고시를 보게 해 대학에 진학시키는 것은 기본이다. 뿐만 아니라 그들의 달란트를 개발하여 운동에 재능이 있는 사람은 운동선수가 되도록 돕고, 예능에 재능이 있는 사람은 예술가가 되도록 돕고자 해 세운 학교다.

필자는 탈북 청소년 학생들에게 권투를 가르쳐서 세계 챔피언이 나오게 해야겠다고 생각한 적이 있었다. 그러던 중 신문에 많이 소개된 서울시 영등포구 문래동의 거인체육관을 방문하게 되었고, 정문호 관장을 만나게 되었다.

거인체육관은 정문호 관장의 선친 정석재 선생이 1959년에 설립했다. 우리나라에서 두 번째로 오래된 복싱 체육관이다. 정 관장의 선친은 아들이 권투하는 것을 원하지 않았다고 한다. 그러나 아들 정문호 씨는 아버님 몰래 다른 체육관에서 권투를 배웠고 시합에 나갔다. 그런데 한 번은 맞서서 싸워야 되는 선수가 공교롭게도 아버님이 운영하는 거인체육관 소속의 선수여서 싸워보지도 않고 시합을 포기했다고 한다.

후일 아버님이 운영하시던 거인체육관을 물려받은 정문호 관장은 챔피언급 제자만 30~40명을 길러냈다고 한다. 그 중에는 체육관 내에서 유일한 세계 챔피언이자 여자 복서인 김주희 선수가 있다.

김주희 선수, 시련을 넘어 세계 챔피언에 오르다

김주희 선수는 부모님과 네 살 위의 언니, 이렇게 네 식구 가운데서 단란하게 살았다. 김주희 선수는 초등학교 시절 육상 선수로 활동했다. 400m나 600m, 계주 등을 하면서 육상 선수의 꿈을 안은 채 열심히 운동을 했다. 그러나 가정에 경제적인 어려움이 계속 닥치자, 부모님은 자주 다퉜다.

초등학교 4학년 생일날 아침상에 케이크가 올라왔다. 어린 주희는 의아해하면서도 케이크를 맛있게 먹었다. 어머니는 주희에게 "저녁에 보자"고 하면서 집을 나갔고, 그날 이후 집에 돌아오지 않았다. IMF 외환위기로 인해 집안에 닥친 경제적 어려움이 부모님의 갈등으로, 그리고 어머니의 가출로 이어졌고 주희는 더 이상 돈이 많이 드는 육상 선수 활동을 계속할 수가 없게 되었다. 구두공장에서 일하던 아버지는 어머니가 집을 나간 충격으로 몸져 누워버렸고 직장도 잃었다. 주희가 중학교 1학년이 되던 겨울, 아버지와 어머니는 이혼을 하고 말았다.

주희에게는 이 모든 일이 큰 충격이었다. 경제적 어려움으로 운동을 그만두고 운동장 대신 학교 교실에만 있게 되자, 도무지 적응이 어려웠다. 심적으로 겪는 갈등도 그만큼 컸다.

이렇게 힘들어 하고 있을 때 그의 언니는 주유소 등에서 아르바이트하며 공부했다. 언니는 공부를 잘해 장학생이 되기도 했다고 한다. 주희에게 새 희망을 준 사람은 바로 언니였다.

언니가 하루하루 힘들어 하는 주희를 데리고 간 곳, 그곳이 바로 거인체육관이었다. 언니는 주희에게 이렇게 권했다.

"언니가 한 달 치 학원비를 내줄테니 한 달만 권투를 하며 마음을 달래봐."

이것이 정문호 관장과 김주희 선수의 인연이 시작되는 순간이었다. 놀이 삼아 샌드백을 두드리던 김주희 선수를 정 관장은 눈여겨 살펴보기 시작했다.

김주희 선수는 부모님의 이혼과 아버지의 병, 그리고 육상 선수의 꿈을 버려야 했던 아픔을 털어버리듯 권투에 전념했다. 그녀는 샌드백을 두드리고 또 두드리고, 연습에 연습을 거듭하며 구슬땀을 흘렸다.

땀 흘린 만큼 결과는 김주희 선수를 외면하지 않았다. 김주희 선수는 중학교 3학년이던 2000년에 프로테스트를 통과해 국내 여자 프로복서가 되었다. 대한민국에서 유일한 여자 프로복서였다. 프로 입문 후 치른 첫 경기는 패했지만, 이후 계속 승승장구했다.

그러나 김주희 선수는 빈혈이 너무 심했다. 문래중학교 육상부 시절에도 빈혈이 심해 여러 번 쓰러진 경험이 있었다. 거기다 허리 통증이 심해 진단을 받아보니 허리디스크였다. 병원을 찾아가서 진찰을 받은 결과 적혈구 수치가 일반인의 4분의 1에 불과했고, 곧바로 치료를 시작해야 했다.

그런 역경 속에서도 2004년 김주희 선수는 IFBA(국제여자복싱협회) 챔피언에 올랐다. 대부분 복싱챔피언이 되고나면 3차전은 협회가 지명해주는 선수와 의무방어전을 치러야만 한다. 의무방어전을 무사히 치르고 나면 그 다음부터는 선택해가며 시합을 할 수 있고, 롱런할 확률이 높아지는 것이다. 김주희 선수는 3차전을 무사히 치렀고, 국내 최초 여자복서 챔프로서 언론과 매스컴을 자주 장식하게 되었다. 국내에 여자 복싱 바람을 일으키는 주인공이 된 것이다.

챔프의 진정한 역사를 써가고 있는 아름다운 그녀에게 박수를

김주희 선수는 연습벌레다. 얼마나 연습을 열심히 했는지 열 발가락 중 다섯 발가락의 발톱이 빠져나갈 정도였다. 그렇게 자신과의 치열한 싸움을 해나간 이유는 '챔피언 자리를 지키는 길은 연습과 땀밖에 없다'는 사실을 잘 알고 있었기 때문이다.

자기와의 싸움과 함께 시련도 이어졌다. 빈혈을 치료받고 계속 운동하는 중에 오른쪽 엄지발가락에 골수염이 왔다. 김주희 선수는 병원에 입원해서 발가락뼈를 1.5센티미터 잘라내는 수술을 받아야만 했다. 병원에서는 운동을 당장 그만둬야 한다고 했다. 그때 휠체어에 탄 김주희 선수를 데리고 공원으로 산책을 나선 정 관장은 이렇게 말했다.

"이제 우리 그만 하자."

그러나 김주희 선수의 의지는 아직 뜨거웠다.

"딱 한 번만 더 해보겠습니다."

정 관장은 김주희 선수를 3층 체육관까지 업고 다니며 재활을 도왔고, 보양식을 해먹이며 건강 회복을 위해 정성을 쏟았다. 마침내 김주희 선수는 건강을 회복하고 재활에 성공하게 되었다. 그 이후 그녀는 세계타이틀매치 5관왕에 올랐다. 그러나 스폰서가 제대로 연결되지 않아서 제때 타이틀매치를 치러내지 못해 그중 2개를 반납하기도 했다.

2007년 WBA 라이트플라이급 챔피언, 2009년 국제여자복싱협회 라이트플라이급 통합챔피언을 거쳐 2010년 국제여자복싱협회 라이트플라이급 슈퍼챔피언, 세계복싱연맹 라이트플라이급 챔피언에 오른 김주희 선수는 마침내 2010년 라이트플라이급 4대 기구 통합 챔피언에 올랐다. 고통과 시련을 딛고 이룬 우리의 진정한 세계 챔피언이다.

김주희 선수는 지금껏 사춘기인데도 사춘기를 모르고 지냈다. 사춘기는 샌드백을 두드리며 지나갔고, 지금까지 남자친구를 사귄 적도 없다. 한 눈 팔면 연습에 소홀하게 되고, 그렇게 되면 언제 위기가 올지 모르기 때문에 오직 운동에만 전념해왔다. 고등학교 졸업여행 때 단 한 번 맥주를, 그것도 한 컵을 마셔본 것이 술에 대한 유일한 경험이다. 어쩌다가 친구를 만나 차 한 잔을 하게 되면 친구들은 예쁘게 화장을 하고 나왔다. 그녀는 땀 흘리며 운동하고 연습하느라 로션 외에는 발라본 적이 없다고 했다. 그러나 그녀는 아름다웠다. 챔프의 진정한 역사를 써가고 있는 인물이기 때문이다.

"언제 결혼할 것이며 나중에는 어떤 길을 걸을 것이냐"는 질문에 그녀는 대답했다.

"오직 챔피언 방어에만 신경 써왔고 결혼이나 현역 은퇴 후의 일은 아직 생각하지 않았습니다."

김주희 선수는 하루에 10시간 지독하게 연습한다. 정 관장은 오히려 연습량을 줄이려고 애를 쓴다고 한다.

그녀는 효녀다. 병든 아버지가 요양원에 입원해 있는데, 자주찾아뵈려고 요양원 근처에 자취방을 얻어놓고 수시로 찾아서 수발을 들며 정성껏 섬기고 있다. 그녀는 "열심히 운동하고 챔피언 자리를 유지해야만 병든 아버지를 보살필 수 있다"고 말한다.

또한 그녀는 시간 나는 대로 강원도 홍천의 장애인시설인 삼덕원을 찾아가서 어려운 사람들에게 필요한 생필품들을 구해 선물해 주고 있다. 어려운 학교 복싱부에는 운동용품과 의류, 신발 등을 선물하며 용기를 주기도 한다고 했다.

김주희 선수는 2010년 세계 4대 여자복싱기구로부터 '올해의 최고 선수'로 선정되는 등 '최고의 선수'로서 역사를 써가고 있다. 2002년 한국여자복싱 초대 플라이급 챔피언 결정전에서 이인영 선수에게 진 것이 유일한 패였고, 그 이후 그녀는 계속 승리했다.

그녀는 말한다. 부모님이 이혼하지 않았고, 가정적으로 어려움이 없었다면 자신은 이렇게 강한 사람이 되지 못했을 것이라고. 부모님의 이혼과 아버지의 뇌출혈로 그녀는 강한 사람이 될 수 있었고, 중학교를 다닐 때부터 스스로 아르바이트로 돈을 벌어가면서 묵묵히 정상을 향해 한눈팔지 않고 달려왔다. "가정의 어려움이 자신을 강한 자로 만들어 세워주는 원동력이 되었다"고 그녀는 고백한다.

김주희 선수는 2010년 4체급을 석권한 후 여자프로복싱 강국인 독일에 진출, 세계 7대 기구 가운데 유일하게 남은 세계복싱협의회 WBC 라이트 플라이급 타이틀 챔피언 자리까지 정복하고야 말겠다는 꿈을 가지고 묵묵히 달려가고 있다.

정문호 관장은 자신의 딸과 나이가 같은 김주희 선수를 딸처럼 아끼고 용기를 주며, 사랑으로 훈련시켰다. 열심히 노력하고 스스로 절제하며 도전하는 관장과 선수로서, 오늘도 최고의 순간을 향해 달려가는 정 관장과 김주희 선수의 모습이 아름답고 숭고하게 보인다.

김주희 선수는 오늘도 쉬지 않고 연습하고 훈련하고 있다. 챔피언이면서 마치 도전자처럼 겸손히, 그러나 치열하게 자신과의 싸움을 이겨나가고 있다. 김주희 선수의 샌드백 치는 소리가 들

김주희 챔피언.

리는 듯하다. 정문호 관장과 김주희 선수에게 그 샌드백 소리만큼이나 크고 힘찬 박수를 보내고 싶다.

　김주희 선수는 또한 대학을 졸업하고 지금은 권투선수 생활을 하면서 대학원에서 석사과정을 공부하고 있다. 공부와 권투선수 생활에 혼신의 힘을 다 바쳐 자신과의 싸움에 승리하며 권투의 새 역사를 써가는 김주희 선수에게 박수를 보낸다.

국가가 나에게 해준 게 뭐가 있냐?

다시 생각하는 조국 대한민국

얼마 전까지 인기 TV 프로그램 〈개그콘서트〉에서 '나를 슬푸게 하는 세상'이란 코너가 대단한 인기를 누렸다. 필자도 그 코너를 재미있게 보면서 웃고 즐겼었다.

"국가가 나에게 해준 게 뭐가 있냐? 일등만 기억하는 이 더러운 세상!"

출연자는 이렇게 말하며 마치 술이 잔뜩 취한 사람처럼 우리를 웃겼다.

그때 필자는 곰곰이 생각해보았다. 우리나라는 일본의 강제 합병과 36년간의 통치 아래에서 수많은 고통을 겪었다. 일본이 강제로 합병하기 전 조선 시대 500년의 역사를 들여다보면, 세종대왕처럼 훌륭한 왕들 아래 번영을 누린 때도 있었지만 반면 어둡고 폐쇄적이며 부정부패가 만연한 시절도 있었다.

구한말 서구인의 눈으로 조선이라는 나라를 들여다보고 쓴 책 《고요한 아침의 나라》에 보면, 부정과 부패가 만연하고 희망이 거의 없는 나라라고 기록하고 있다. 조선 후기에는 벼슬하는 사람들이 농민들에게 갖가지 명목으로 세금을 물려, 무려 39가지의 세를 뜯어가기도 했다. 견디다 못한 농민들이 곳곳에서 폭동을 일으켰고, 그렇게 부정과 부패가 만연했을 때 일본이 쳐들어와서 강제로 합병당하고 말았다.

일본을 나쁘다고 욕해봐야 소용없다. 지혜자라면 자신과 내부를 들여다봐야 답이 있다.

왜 우리는 그렇게 당할 수밖에 없었느냐고 안에서 답을 찾아야 한다. 지금도 힘이 없으면 당할 수밖에 없다.

우리 선조들은 빼앗긴 조국을 되찾으려고 목숨 걸고 투쟁했다. 100년 전 안중근 장군은 중국 하얼빈역에서 이토히로부미를 권총으로 저격하고 뤼순 감옥에서 순국했다. 어디 안중근 장군뿐이겠는가? 김구 선생님과 안창호 선생을 비롯한 수많은 독립 운동가들이 목숨을 걸고 나라를 독립시켜 보려고 애쓰다가 순국했다.

1950년 6월 25일 한국전쟁은 또 어떠했는가? 나라를 지키려다가 수많은 선조들이 순국했다. 유엔군으로 들어왔던 수많은 동맹국들의 젊은이들도 잘 알지도 못하는 이 땅에 와서 그리운 고국과 사랑하는 가족을 뒤에 두고 총탄에 죽어갔다.

그렇게 지켜낸 내 조국 대한민국!

반만 년 역사 속에서 세계의 열강 틈에 흡수되지 않고 단일 민족으로 지금까지 살아남은 것은 사실 기적이다. 그리고 독립과 더불어 이승만 전 대통령 시대의 부정투표와 4.19혁명, 5.16 쿠데타로 이어지는 근현대사 속에서 군사 독재와 싸우며, 감옥에 갇히며, 민주주의를 위해 피땀 흘려주신 선조들 또한 얼마나 많았던가!

우리의 선조들은 그런 고통과 아픈 역사 속에서도 잘 사는 후대를 위하여 허리띠를 졸라매고 땀 흘려 일했다. 그 결과, 오늘 우리는 세계 속의 강한 대한민국이라는 조국의 혜택을 누리고 있다.

국가가 나에게 해준 게 뭐가 있냐? 그 물음에 필자는 이렇게 답하고 싶다.

"국가가 나에게, 우리에게 해준 것이 참 많다."

물론 개그맨 박성광 씨는 웃기려고 그 말을 했다. 그럼에도 불구하고 필자는 '국가가 나에게 해준 것이 너무나 많다'고 거듭 강조하고 싶다.

국가에 대해 항상 감사한 마음을 가지고 살자. 지도자를 잘못 만나서 지금도 가난하게 살고 고통당하면서 사는 나라가 어디 한둘인가?

항상 이렇게 생각하자.

"국가가 나에게 해준 것이 너무나 많은데, 나는 국가를 위하여 무엇을 할 것인가."

이런 마음으로 늘 감사하며 살아야 하지 않을까?

존 F. 케네디는 어느 시골의 조그마한 교회의 목사님이 한 말을 평생 그의 좌우명으로 삼고 정치를 했다고 한다.

"국가가 나에게 무엇을 해주기를 바라지 말고 내가 국가를 위하여 무엇을 할 것인가를 생각하라."

그렇다. 내가 국가를 위하여 혜택을 많이 받았다고 생각한다면 함부로 환경을 오염시키는 행동이나 국익에 손해되는 행동은 안 하게 될 것이다. 국가를 위해 감사하는 사람이 세금을 포탈하거나 부정과 비리를 일삼지는 않을 것이다.

나는 국가를 위해 무엇을 하다 갈 것인가? 이렇게 생각하면 작은 질서부터 솔선수범하게 될 것이고, 어려운 이웃에게 작은 봉사와 관심도 갖게 될 것이다.

대한민국! 아름다운 내 조국!

나는 국가를 위해 무엇을 할 수 있을까?

장하다, 인천공항! 장하다, 대한민국!

세계에서 가장 멋진 인천국제공항

아름다운 '하늘 항구'의 꿈이 현실이 되다– 10년 만에 단 날개

2001년, 인천국제공항은 날개를 펼쳤다. 새로운 세계, 밝은 내일을 향해 날아오를 준비를 끝냈다.

1988년 입지 선정을 위한 타당성 조사에 이어 1990년 입지를 확정하고 1992년 첫 삽을 뜬 지 9년만이었다. 여객터미널과 각종 부대시설 건설에서부터 첨단 시스템 구축에 이르기까지 열정과 정성을 다한 아름다운 여정(旅程)이었다. 그리고 마침내 눈부시게 아름다운 '하늘 항구(airport)'의 꿈이 현실이 되었다.

결코 이루기 힘들었던 꿈을 현실로 만들어서였을까. 개항을 앞두고 일부 언론들은 '수하물 처리 시스템(BHS)에 문제가 있다', '탑승 카운터가 한 쪽으로만 집중 배정되었다', '안개가 잦아 불안하다'는 등의 문제점을 앞 다투어 지적했다. 더욱 편리하고 안전한 공항이 되기를 바라는 마음에서였겠지만, 국민들에게 걱정과 불안감을 안겨주기에 충분한 보도 내용이었다.

이에 대해 인천국제공항 측은 구체적이고 타당한 해명을 통해 국민들의 불안감을 덜고자 했다. 하지만 언론의 의구심은 계속되었고, 결국 불안을 완전히 없앨 수 있는 길을 스스로 찾아야 했다. 그것은 편리한 공항 시설에 더욱 완전한 편의성을, 안전한 시스템에 더욱 철저한 안전성을 더하는 일이었다.

인천국제공항은 개항을 1년 반 앞두고 각 분야의 전문가로 개항 준비팀을 구성하여 철저한 준비에 들어갔다. 그리고 개항 한 달을 앞두고 공식적인 시험운영을 시작했다. 조심스럽고 섬세한 손길로, 그리고 설레는 마음으로 비상(飛翔)을 위한 날갯짓을 시작한 것이다.

시험운영에는 공항 인력 1만 명이 투입되었다. 가상으로 동원한 여객은 무려 2만 5,000명이었다. 전 카운터를 기동하고, 2만 5,000명 분량의 항공기 티켓을 발권하고, 2만 5,000명이 소지한 여행 가방을 동원했다. 이 때문에 여행 가방값이 일시적으로 올랐다는 얘기가 나돌 정도였다.

개항 15일을 앞두고 국내외 기자들을 초청하여 실시한 시험운영은 그러나 실패였다. 수하물처리시스템이 제대로 작동되지 않아 미처 분류하지 못한 수하물이 쌓이기 시작한 것이다.

공항 관계자들은 가슴이 아팠다. 수많은 탑승객들이 자기 짐을 찾지 못한 채 발을 동동 구르고 있는 모습이 현실처럼 눈앞에 떠올랐기 때문이었다. 그들의 불편은 공항 관계자들의 아픔이었고, 그들의 고충은 고통이었다. 인천국제공항을 찾을 모든 사람들이 다 가족이었던 까닭이다.

다행이 비상계획을 가동, 준 자동모드를 통해 문제를 해결한 후 다시 첫 걸음을 떼는 마음으로 철저한 준비를 거쳤다. 공항 청사와 모든 시설은 잠이 들지 않았다. 결코 추락하지 않을 힘찬 날

갯짓을 위해 누구도 잠이 들지 않았다.

2001년 3월 29일 새벽 4시.

아시아나 3423호가 활주로에 닿았다. 그 보잉기에게는 아름답고 완벽한 착륙이었다. 그리고 인천국제공항에게는 가슴 벅찬 이륙이었다.

세계에서 3개뿐인 '별 다섯 개짜리 공항'

세계에는 230여 개국이 있고, 공항은 1,700여 개가 있다고 한다. 규모 면에서는 인천국제공항보다 더 큰 공항도 많을 것이다. 그러나 개항한 지 10년밖에 안 된 인천국제공항이 세계 공항 서비스 평가에서 6년 연속 1위를 기록하는 기적을 이루었다. 6년 연속 1위를 한 역사가 없는 초유의 기록이다.

인천국제공항은 바다를 메워 비행장으로 개항한 곳이다. 이곳에 공항이 들어선다고 했을 때 우려의 목소리도 컸다. 지반이 약하다는 것과 안개로 인한 사고를 우려한 환경 운동가들의 반대 등이 심했다.

　그러나 그 모든 것은 기우에 불과했다. 인천국제공항은 건설과 개항 당시 강동석 사장이 이끌었으며, 공사 초기 때부터 최고의 열망을 불어넣었고, 강력한 리더십으로 멋진 공항을 지었다. 공항 내의 모든 집기도 "세계 최고 수준의 것만을 사용하라"고 지시하며 최고를 향한 열의를 다졌다.

　강동석 사장 후임으로 들어온 2대 조우현 사장은 건설교통부 차관 출신의 공무원 출신이었다. 공무원으로서의 노하우로 미래를 내다보며 2단계 확장공사를 해나갔다. 3대 사장으로 이재희 사장이 취임했는데, 이 사장은 다국적 기업의 CEO 출신으로 공항이 글로벌 기업으로 도약할 수 있도록 직원들을 격려하며 세계 최고의 공항과 경쟁할 수 있는 준비를 했다. 세계 공항 서비스 평가 3연패도 이재희 사장의 성과라고 할 수 있을 것이다. 그리고 지금 사장을 맡고 있는 이채욱 4대 사장은 민간기업의 경영 방식을 공항에 접목시키고, 공항을 코리아 브랜드로 만들어가고 있다.

어느 분야에서나 정상의 자리에 오른다는 것은 결코 쉬운 일이 아니며, 그보다 더 어려운 것은 한 번 오른 정상의 자리를 유지하는 것이다. 인천국제공항은 공항 개항 5년 만인 2005년 처음으로 국제공항협회(ACI)가 주관하는 세계공항서비스평가(ASQ)에서 세계 1위에 올랐다. 그 이후 2010년까지 세계공항서비스평가 6연패를 이루며 세계 최고 공항의 지위를 굳건히 유지하고 있다. 이 6연패는 이전에도 없었고 이후에도 다시 보기 힘든 전무후무한 일로 평가되고 있다.

또한 인천국제공항은 홍콩 첵랍콕국제공항, 싱가포르 창이국제공항과 더불어 스카이트렉스가 선정한 '별 다섯 개짜리 공항'이다. 별 다섯 개짜리 공항은 세계에서 이 3개밖에 없다.

세계가 감동한 세심한 정성과 진정한 배려

인천국제공항 여객터미널 체크인 카운터 근처의 바닥은 바닥재가 나무로 되어 있다. 체크인 카운터뿐만 아니라 승객들이 공항에 도착해서 비행기에 탑승하기 위해 이동하는 길 중에서 사람들이 오래 머무는 공간은 모두 나무 바닥재다. 전 세계 어느 공항에서도 여객터미널 바닥을 나무로 깐 경우는 없다고 한다. 나무 바닥재는 관리하기 힘들고 청소하기도 어렵다. 하지만 인천국제공항은 '관리하는 사람의 입장'이 아니라 '이용하는 사람들의 입장'에서 나무 바닥재를 쓰는 특별한 배려를 했다. 나무는 친환경적이면서도 사람들과 가장 가까운 건축 소재이기 때문이다. 대리석이나 시멘트 바닥과는 비교가 안 될 정도로 친근하고 편안한 소재이다. 인천국제공항이 세계 '명품' 공항으로 인정받고 있는 배경에는 이처럼 공항 구석구석에 들인 작은 정성들이 숨어있다.

아이슬란드 화산 폭발로 인해 유럽의 항공 대란이 지나간 2010년 4월 말, 인천국제공항 홈페이지 '고객의 소리'에는 유럽 승객들의 감사 이메일이 수북이 쌓였다. 이름을 밝히지 않은 한 독일 승객은 이런 글을 남겼다고 한다.

"터미널에서 가족과 4일간 머무르는 동안 편안한 숙식과 목욕 등 따뜻하고 세심하게 편의를 제공해 준 인천국제공항에 고마움을 느꼈습니다. 한국을 평생 잊지 않겠습니다.”

한 20대 여성 영국인은 출국 직전 감사의 마음을 담은 글을 A4용지로 뽑아 자신이 머문 인천국제공항 비즈니스센터 직원들에게 일일이 돌렸다. “예외적인 상황에서 보여준 공항 직원의 인내와 노고, 그리고 배려에 감사드립니다. 당신들의 모든 친절에 진심으로 감사드립니다”는 내용이 담겨 있었다.

유럽 발 항공 대란은 인천국제공항을 더욱 빛나게 했다. 유럽 공항 통제로 인천국제공항에 발이 묶인 승객들이 인천국제공항공사는 물론 대한항공과 아시아나항공 등 국적 항공사들이 제공한 친절한 서비스에 찬사를 아끼지 않은 것이다.

인천국제공항은 항공 대란이 발생한 첫날부터 대기 승객들에게 햄버거와 샌드위치, 음료수, 스낵 등을 매일 나눠줘 승객들을 감동시켰다. 또 인천시와 여러 기관, 기업들이 함께 나서서 에어매트리스, 담요, 치약, 칫솔 등 생필품 등을 무제한 제공했으며, 샤워실, 라운지, 사우나 시설 등을 24시간 무료 개방했다. 무료인터넷 및 영자신문 서비스도 제공했다. 대한항공과 아시아나항공 등 국적 항공사들도 식권과 담요 등을 제공하고 유럽 전용 안내데스크를 설치했으며, 노약자 동반 승객들에겐 인근 호텔 숙박권과 식사를 제공했다. 공항 내 병원인 인하대병원 인천국제공항의료센터에서는 체류 대기 중인 유럽 승객에 대해 무료 진료를 제공했다. 두드러기, 설사, 복통, 고혈압 등의 증상을 보인 50여 명 이상의 외국인들이 무료 진료를 받고 감사의 뜻을 전했다.

이 기간 중 공항 임직원들은 24시간 비상근무를 했다. 이채욱 인천국제공항 사장은 항공대란 직후 공사 내에 상황실을 차려놓고 여객터미널 등 현장 곳곳을 쉴 새 없이 돌며 임직원들과 상주기관 및 협력업체들을 독려했다. 이 사장은 대기 승객들이 밤새 터미널에서 머무는 만큼 야간에도 실내 온도 조절 등 사소한 것까지 챙기도록 했다.

공기나 물처럼 우리 주변에 늘 있기 때문에 그 소중함을 모르는 것들이 있다. 인천국제공항도 우리에겐 그런 존재가 아닐까? 늘 곁에 두고 있지만 인천국제공항이 얼마나 뛰어난 공항인지 제대로 느끼지 못하는 것처럼 말이다.

인천국제공항의 우수성은 한국으로 들어오는 외국 사람들의 눈을 통해서 비로소 느낄 수 있다. 이렇게 뛰어난 공항을 어떤 나라나 가질 수 있는 것은 아니다. 세계에서 가장 우수한 국제공항을 가진 것에 대해 대한민국 국민이라면 누구나 자부심을 가져도 좋을 것이다.

외국인이 한국에 오면 첫 인상을 받는 곳이 공항인데, 공항을 이렇게 아름답고 멋있게 이끌어 최고의 공항으로 만들어주니 너무나 감사할 뿐이다. 장하다, 인천공항! 장하다, 대한민국!

우리 안에 잠든 96%의
숨은 능력을 깨우자

한강의 기적

세계 최빈국에서 선진국이 된 대한민국

아랍에미리트의 두바이를 가리켜 '두바이의 기적' 또는 '세이크 모하메드의 기적'이라는 말을 많이 한다. 인구 40만 정도에 불과한 걸프만 해변의 조그마한 바닷가 도시를 세계의 허브 도시이자 명품 도시로 만들었기에 하는 얘기일 것이다.

그들은 바다를 메워서 인공섬을 만들고 그 뜨거운 모래사장에 스키장을 만드는 등 기적을 만들어 냈다. 그러나 최근에는 무리한 투자와 공사로 어려움에 직면해 있는 게 사실이다.

그렇다면 대한민국은 어떤가.

이조 500년의 폐쇄정치와 부정부패 속에 있다가 일본에 합방되었고, 36년간 일본에 의한 고통의 억압 속에 있다가 일본이 미국에 패함으로써 우리는 덤으로 광복을 맞이했다. 1945년 8월 15일 광복의 기쁨도 잠시, 남북한은 강대국에 의해 분리되었다가 1950년 6월 25일 한국전쟁이 발발하고 말았다. 김일성의 기습 남침은 구 소련의 스탈린 정권의 지원 하에서 자행되었고, 중공군의 지원까지 입으며 동족상잔의 비극을 만들었다. 이 전쟁으로 수많은 사람들이 희생되었으며, 그야말로 온 국토는 폐허가 되고 말았다.

부산과 마산, 경남 일부만 남아있던 아슬아슬하고 긴박한 상황에서 유엔군을 한국으로 파병키 위한 유엔회의가 소집되었는데, 유엔 상임이사국이 어느 한 나라라도 반대하면 유엔군은 파견할 수 없는 상황이었다. 그런데 마침 소련 대표단이 타고 가는 차가 고장을 일으켜 회의에 불참하게 되었고, 유엔군은 한국으로 달려왔다. 이때 맥아더 장군이 이끈 인천상륙작전이 기적적으로 성공했고, 그 기세로 북으로 밀고 올라갔다. 그러나 중공군의 개입으로 다시 밀려 내려왔고 강대국에 의하여 나라는 분단되고 말았다.

나라가 남한과 북한으로 허리가 잘리고 분단된 데에는 여러 가지 이유가 있을 것이다. 여러 가지 설 중에는 당시 무기를 판매하는 사람들의 로비 때문에 분단되었다는 설도 있다. 또 제3차 세계대전으로 확전될까봐 휴전하게 되었다는 설도 있다.

어쨌든 분단되어 휴전된 상태에서 우리나라의 형편은 어떠했는가. 1960년대 초반만 해도 전 세계에서 인도가 제일 못 살았고, 두 번째로 가난한 나라가 대한민국이었다고 한다.

그런데 지금의 대한민국은 어떤가. 세계 경제 규모가 12위이고, 거의 모든 부분에서 10위권 안에 들어가는, 그야말로 '기적을 이룬 나라'가 되었다. 원조를 받던 나라가 반세기 만에 원조를 주는 나라가 된 경우는 우리나라밖에 없다고 한다. 경제적 부와 민주주의 등 두 마리 토끼를 잡은 기적이 펼쳐졌다. 이것을 가리켜 '한강의 기적'이라고 말한다.

1988년 올림픽과 2002년 한·일 월드컵으로 이어지는 국가적 브랜드 기회, 삼성의 글로벌 기업화, 현대자동차와 대기업들의 세계 진출, 그리고 김연아 선수를 비롯한 수많은 운동선수들의 선전과 국제 경기에서의 우수한 성적 등 그야말로 한강의 기적은 곧 서울의 기적이고, 서울의 기적은 대한민국의 기적인 것이다.

도저히 불가능해 보이기만 하던 역사, 바로 삼성전자의 소니를 제패한 기적!

'한강의 기적'을 '나의 기적'으로 만들자

아직도 우리는 배가 고프고 더욱 허리띠를 졸라매고 최정상을 향하여 달려가야 할 길이 많지만, 주변을 돌아보면 기적은 한두 가지가 아니다.

지난 '한강의 기적'을 '나의 기적'으로 삼으면 어떨까?

여러분 스스로 이렇게 최면을 걸기 바란다.

"나에게도 기적은 일어난다. 나는 기적의 주인공이다. 나는 기적적인 사람이 될 것이다."

필자는 사실 기적을 입은 사람이다. 국가의 기적인 한강의 기적을 나의 기적으로 승화시킨 것이다.

필자는 어려서 부모님을 여의고 초등학교를 겨우 마친 후 14살부터 중국집 배달부 일을 시작했다. 원래 허약한 몸인 데다 어릴 때부터 너무 굶어서 앉았다가 갑자기 일어나면 어지러워서 쓰러졌고, 위장병이 너무 심해 매운 것은 조금도 먹을 수가 없었다. 그렇게 외롭고 고독한 청소년 시절을 보내야 했다.

그러나 항상 성공하는 사람으로 우뚝 서는 꿈을 가졌다. 24세 때 갑자기 결혼하게 되었으나 부부 갈등으로 죽어야 되겠다고 자살을 생각했다. 그러나 마음을 고쳐먹고 공부하기로 결심해 대학원까지 공부를 마칠 수 있었다. 목회자가 되어 부평과 송도에서 목회 활동을 하면서 가수로 데뷔하여 음반도 내고, 방송 출연도 가끔 하면서 글을 쓰며 작가 활동도 한다. 그리고 탈북 청소년 무료학교인 '한민족렘넌트학교'를 세워서 탈북 청소년들을 무료로 공부시키며 그들을 전문인으로 양성하고 있다. 또 정부

종합1청사와 2청사, 신우회 등에서 3년간 예배와 상담을 맡았고, 각 언론사 사역(使役)에 12년을 보냈으며, 지금은 청와대에서까지 사역을 이어가는 가운데 신앙과 인생 상담으로 '섬기는 일'을 계속하고 있다. 방송국 앵커가 자녀 일로 고통을 당하면서 죽고 싶어 하던 중, 필자를 만난 후 행복을 되찾았다고 고백하고 있다.

이처럼 기적은 내 마음에서부터 시작되고, 내 생각에서부터 시작된다.

사람은 3억~5억 대 1의 경쟁을 뚫고 태어난다고 한다. 우리는 아버지의 정자와 어머니의 난자가 만나서 태어난다. 아버지의 1회 정자 속에는 3억~5억 개의 정자가 있는데, 그 중 제일 강한 정자 하나가 난자를 만나 임신되는 기적이 일어난다. 그리고 이 지구상에는 60억이 넘은 인구가 있지만 나와 똑같은 사람은 단 한 사람도 없다. 나라고 하는 존재는 유일하고 독보적인 것이다.

사람은 1,000억 개의 뇌신경 세포를 가지고 태어나는데, 하루 10만 개씩의 신경세포가 죽어나간다. 1년이면 3,650만 개, 100살까지 살게 된다면 36억 5,000만 개가 없어진다. 그래도 계산해보면 4% 정도만 없어지고 나머지 96%는 써보지도 않고 그냥 죽는다고 한다. 우리 안에 그 96% 정도의 잠재된 능력이 잠들어 있다. 그래서 《내 안에 잠든 거인을 깨우라》는 책도 나와 있지 않은가!

성공한 사람들은 모두가 기적을 믿었고, 생각했고, 도전하여 성취했다. 한강의 기적을 우리는 직접 체험했고 누리고 있다. 그 기적을 나의 기적으로 만들자. '나는 기적을 이룬 사람'이라고 생각하고, 그려보고, 적어보고, 도전해보자.

기적은 내 안에 잠들어 있다. 주인인 나 자신이 깨워주기를 기다리고 있다.

Part 04

'결.코. 결.코. 결.코.'
포.기.하.지. 말.자.

밤이 있으면 낮이 있다

세상사에 슬픔과 기쁨이 반복됨을 아는 한 늙은이의 지혜

나는 '세상만사 새옹지마(塞翁之馬)'라는 말을 좋아한다. '새옹지마'란 '인생에 있어서 길흉화복(吉凶禍福)은 항상 있는 것이라서, 사람이 미리 헤아리기가 어렵다'는 뜻이다. '새옹(塞翁)'이란 '북쪽 또는 국경지대에 사는 늙은이'란 뜻이다. 이 고사성어에 얽힌 이야기는 《회남자(淮南子)》의 '인간훈(人間訓)'에 나온다.

어느 북방 국경 근처에 지혜로운 늙은이가 살고 있었다. 하루는 그가 기르며 타고 다니는 말이 아무런 까닭도 없이 도망쳐서는 국경을 넘어 적들이 살고 있는 오랑캐들에게로 넘어가버리는 일이 발생했다. 마을 사람들은 그 늙은이에게 "그 귀한 말을 잃어버려서 어떻게 하느냐"고 위로하고 동정했다. 그때 새옹은 "너무 슬퍼할 일만은 아닌 것 같다"며, "이것이 오히려 복이 될는지 어떻게 아느냐"고 낙담하지 않았다.

몇 달 후, 뜻밖에도 도망갔던 말이 오랑캐의 좋은 말 한 필을 끌고 나타났다. 마을 사람들은 경사가 났다며 축하한다고 또 야단들이었다. 그러자 새옹은 "무작정 좋아할 일만은 아닌 것 같다"며, "이 일이 무슨 화를 가져올는지 어떻게 아느냐"고 조금도 기뻐하지 않았다.

그러던 중 그 늙은이의 아들이 그 말을 타고 달리다가 낙마해 다리가 부러졌다. 마을 사람들은 늙은이의 아들이 다리를 다쳐서 절뚝발이가 된 것을 보고 또 다시 위로하자, 늙은이는 "이 일이 혹시 후에 복이 될는지 누가 알겠느냐"고 했다.

그런 지 1년이 지난 후 오랑캐들이 대거 쳐들어와서 전쟁이 벌어지게 되었고, 집집마다 건장한 아들들이 전쟁터로 나가서 죽게 되었다. 하지만 다리를 절뚝거리는 장애인이 된 그의 아들은 전쟁터에 나가지 않았고 목숨을 부지할 수 있었다.

그렇다. 세상만사, 인간만사 모두 다 새옹지마가 아닐까?

지금의 어려움을 극복하고, 머지않아 웃을 날을 생각하며 달려 나가자

부유한 집안에서 자란 자녀들은 어릴 때 별로 고생을 하지 않고 자란다. 온실 속 화초는 약할 수밖에 없다. 그러나 온실이 아닌, 비바람과 폭풍우, 땡볕에서 자란 화초는 어릴 때부터 면역성이 길러진다. 그래서 바람에 일렁거릴 때마다 뿌리가 점점 더욱 깊이 내려지고 굳세어진다. 이윽고 웬만한 거센 비바람에도 튼튼하게 잘 견디며 꽃을 피우고 열매를 맺는다.

우리나라 기업가들 중 부모님으로부터 유산을 물려받고 가업을 이어받아서 성공하는 경우는 고작 30%에 불과하다고 한

다. 나머지 70%는 자수성가형으로 어려운 역경을 딛고 일어선
기업이라고 한다.

지금 좋은 일이 있다고 너무 좋아만 할 것이 아니다. 반대로
지금 어렵고 힘들다고 너무 절망하거나 포기하는 일은 없었으면
한다. 인생살이란 오르막이 있으면 반드시 내리막이 있으며, 울
때가 있으면 웃을 때도 있기 마련이다. 밤이 있으면 낮이 있기 마
련이고, 시작이 있으면 끝이 있기 마련이다. '세상만사 새옹지마'
를 되뇌면서, 지금의 어려움을 극복하고, 머지않아 웃을 날을 생
각하며 달려 나가자.

정채봉 시인은 '콩씨네 자녀교육'이란 시에서 이런 글을 남겼다.

온실로 들여보낸 콩은 콩나물이 되었고
광야로 내어보낸 콩은 콩나무가 되었고…

그렇다. 온실만을 고집하지 말자. 우리 자녀들을 왕자병에, 공

주병에 걸리거나 마마보이처럼 유약하게 키우지 말자. 광야로 내보내서 콩나무가 되게 하자. 우린 언제나 따스한 봄날과 화창한 햇볕을 좋아하지만, 만약 검은 먹구름과 천둥과 번개, 그리고 소낙비를 겪어보지 않는다면 가슴속 부드러움은 사라지고 말 것이다. 따뜻하고 화창한 햇살도 좋지만 때로는 먹구름과 비바람도 맞아봐야 따뜻하고 부드러운 가슴의 소유자가 되지 않을까 생각한다.

오늘 좋은 일이 있다고 너무 들뜨거나, 오늘 우울한 일이 있다고 너무 슬퍼하지 말자. 세상만사 새옹지마니까.

우리가 만나는
모든 문제에는 반드시 답이 있다

'전화위복'이란 말의 가치

전화위복(轉禍爲福)이라는 말은 '화가 변하여 오히려 복이 된다'는 뜻이다. 이 말은 《사기(史記)》의 '열전편(列傳篇)' 중 관안(管晏)열전에 나온다. 여기서 관중(管仲)이란 인물을 다음과 같이 평했다.

"정치의 실재에 있어 번번이 화를 전환시켜 복이 되게 하고, 실패를 전환시켜 성공으로 이끌었다. 어떤 사물에 있어서도 그

경중을 잘 파악하여 그 균형을 잃지 않도록 신중하게 치리했다.”

전국시대 합종책(合從策)으로 한(韓)·위(魏)·조(趙)·연(燕)·제(齊)·초(楚) 여섯 나라 재상을 겸임했던 소진(蘇秦)도 《전국책(戰國策)》의 ‘연책(燕策)’에서 다음과 같은 말을 했다고 한다.

“옛날, 일을 잘 처리했던 사람은 화를 바꾸어 복이 되게 했고, 실패한 것을 바꾸어 공이 되게 했다.” 어떤 불행한 일도 노력하고, 고치고, 바꾸면 불행이 변하여 행복으로 바뀌게 된다는 것을 일컫는 말이다.

세계적인 명차인 도요타자동차가 대량으로 리콜되고, 세기의 기업으로 명성을 날리던 브랜드가 곤두박질하는 일을 현대자동차는 반면교사(反面敎師)로 삼아야 한다. 품질관리와 애프터서비스를 더욱 잘해서 그렇게 추락하는 일은 없어야 하는 것이다.

우리는 살아가면서 원하지 않게 좋지 않은 일을 만날 때가 종종 있다. 그러면 그것을 기회로 삼으면 된다. 우리가 만나는 문제에는 반드시 답이 있기 마련이다. 그러나 문제 아닌 것을 문제로 보게 되면 답이 없다. 왜냐하면 문제 아닌 것을 문제로 보았기 때문이다. 그러나 진짜 문제라면 거기에는 반드시 답이 있기 마련이다.

　미국의 종교학자인 C. 엘리스가 분석한 결과를 보자. 그의 연구에 따르면 현대인들은 실제로 발생하지 않은 일을 발생한 것처럼 염려하는 일이 40%이고, 이미 과거에 다 지나갔고 끝나버린 과거의 일인데도 그 상처에서 빠져나오지 못하며 고민하고 염려하는 일이 30%라고 한다. 또 나 자신이 아닌 타인과 주변 사람들의 시선을 의식하여 염려하는 것이 12%다. 나머지 18%는 염려 안 해도 될 일을 염려한다고 했다.

　문제에는 답이 있기 마련이다. 진짜 문제가 맞는 것이라면. 예를 들어, 건강에 문제가 와서 종합검진을 받은 결과, 어느 부분이 안 좋다면 체질을 개선하라는 신호다. 담배를 많이 피운 결과 폐에 문제가 왔다면 담배를 끊으라는 신호고, 술을 많이 마셔서 알코올성 지방간이나 경경화가 왔다면 술을 끊든가 줄이라는 신호다. 육식을 많이 해서 오는 질환이라면 육식을 줄이고 채식과 운동으로 체질을 바꾸라는 신호다.

지금 좋지 않은 부분은 고치면 복이 된다. 우리나라는 우리에게 자극을 주는 일본이 있다. 또한 북한이 있다. 일본의 도요타 자동차와 소니전자가 우리에게 경쟁 상대가 아니었다면 우리가 과연 훌륭한 업적을 이룰 수가 있었을까? 아니다. 경쟁사가 있었기에 오히려 더욱 잘할 수 있었다.

북한이 호시탐탐 우리를 넘보고 긴장된 상태였으므로 우리나라는 절박한 심정으로 부지런하고 열심히 노력하여 세계 속에 우뚝 선 나라가 될 수 있었다.

일본은 기회 있을 때마다 독도는 자기들의 소유라고 망언을 한다. 우리의 과거는 36년간 일제 치하에서 고통을 받았다. 그런데 세월이 흐르면서 이픈 과거의 역사가 흐릿해져 갈 때마다 독도 망언을 통해 흐트러진 정신과 마음을 바로잡게 해주는 역할을 일본이 해주는 것 같다. 독도 망언을 통해서 이완된 정신을 일깨어주고 쓰라린 과거 역사를 발판 삼게 해주니까.

2010년 3월 참으로 안타까운 일이 벌어졌다. 북한이 천안함 해군 함정을 어뢰로 기습 공격 폭파하여 우리의 꽃다운 젊은 군인 46명이 희생당했다.

2010년 11월 23일 북한은 대한민국 연평도에, 그것도 대낮에 무차별 공격을 해왔다. 서해에서 훈련 사격하는 것을 트집 잡아 민간인을 향하여 함포를 쏘아서 군인 2명과 민간인 2명을 죽게 만들었다.

이런 일들을 통하여 그동안 이완되었던 안보정신을 새롭게 인식하며, 세계에서 가장 호전적인 독재자가 바로 앞에 있음과 국력과 안보가 없으면 나라도, 자유도 없다는 것을 일깨워주었다. 희생당한 젊은 군인들의 죽음이 헛되지 않도록 대한민국 국민이 하나가 되고 힘을 합친다면 전화위복의 계기가 되지 않을까 생각한다.

우리에게 닥치는 모든 안 좋은 일에 전화위복의 계기가 있었으면 좋겠다.

칭찬 한 마디가 인생을 바꾼다

스티븐 스필버그와 헨델을 만든 '칭찬 바이러스'

스필버그, 칭찬을 먹고 자라 대감독이 되다

할리우드 최고의 영화감독으로 유명한 스티븐 스필버그(Ste-
ven Allan Spielberg, 1946년~)는 미국 오하이주 신시내티에서
출생했다. 그는 어린 나이에도 카메라를 보면 눈동자가 빛났고,
유독 카메라로 사진 촬영하기를 좋아했다. 이것을 알게 된 그의
어머니는 카메라를 사다주면서 사진 촬영을 해보라고 권했다. 어

린 스필버그가 찍은 사진을 함께 보면서 칭찬과 격려를 아끼지 않으며 더 잘 찍을 것을 독려했다. 그는 초등학교 시절에 찍은 사진과 촬영한 필름을 준비해 놓고 친구들을 초청해 감상회를 여는 등 남다른 취미와 뛰어난 재능을 보였다.

그는 유대계 출신이며 VCLA대학교를 졸업하고 TV영화감독으로 활동하다가 1972년 〈격돌〉로 주목받기 시작했다. 1974년 첫 극장용 영화 〈슈가랜드 특급〉을 만들고, 1975년에는 식인상어와의 혈투를 그린 〈죠스〉를 통해 세계적인 성공을 거두면서 미국 영화계의 대표적인 명감독으로 이름을 알렸다. 이후 그는 〈레이더스〉, 〈ET〉, 〈인디아나 존스〉, 〈컬러 피플〉, 〈후크〉, 〈쥐라기 공원〉, 〈쉰들러 리스트〉 등의 영화를 만들었고, 흥행에 대성공을 거두었다.

특히 〈쉰들러 리스트〉는 1994년도 아카데미 영화상에서 작품상, 감독상, 남우주연상 등 7개 부문을 수상함으로써 흥행성과 작품성에 대한 그의 명성을 입증했다.

그가 어린 나이 때 그의 어머니가 카메라를 들려주며 사진 찍기와 촬영에 취미를 갖게 한 것이 할리우드의 대표적인 감독이 되는 계기가 되었다. 그가 찍은 사진을 너무너무 잘 찍었다며 격려와 칭찬을 한 것이 그로 하여금 더욱 자신감을 갖게 만들었고, 그 격려가 세계적인 명감독의 발판이 된 것이다.

'칭찬 바이러스'를 퍼뜨리자

유명한 음악가이며 작곡가인 헨델의 경우도 그렇다. 후기 바로크 시대 독일 태생 영국의 작곡가였던 헨델(Handel, 1685~1759년)은 도이칠란트 작센의 할레라는 도시에서 태어났다. 선조 중엔 음악가가 없었고 아버지는 외과 의사였다. 그의 아버지는 헨델이 법률가가 되기를 원해서 헨델은 법률가가 되기 위한 교육을 받고 자랐다.

헨델이 7세 때 궁전의 예배당에 가게 되었다. 어린 헨델은 실수로 예배당에 있는 비싼 오르간을 건드렸다가 그것이 군주의 눈길을 끌게 되었다. 보통 사람들은 7세 된 아이가 비싼 오르간을 건드리면 고장난다고 손도 못 대게 하기가 일쑤인데, 군주는 헨델에게 음악가가 될 소질이 있다며 칭찬을 했고, 음악을 시작해 보라고 권고하기에 이르렀다.

9세 때 오르간 연주자인 차하우에게 작곡의 기초와 오르간 연주법을 배우기 시작한 헨델은, 11세 때 베를린으로 연주여행을 하며 많은 청중 앞에서 오르간 연주를 해 사람들을 놀라게 했다. 그 이후 그가 만든 작품 중에서 〈메시아〉는 '할렐루야'라는 합창으로 유명한데, 이 곡은 종교적 바탕으로 힘차고 장엄한 것이 특색이다.

1742년 런던 초연에 참석한 영국의 왕 조지 2세가 할렐루야 코러스 부분에서 감격한 나머지 앉아 있다가 벌떡 일어나서 경청했다고 한다. 오늘날에도 〈메시아〉 곡 할렐루야 합창 부분이 연주되면 사람들은 일제히 기립하는 관습이 내려오고 있다.

그러나 54세 때 그의 건강이 악화되었다. 4년 전에 뇌출혈을 일으킨 그는 반신불수가 되었고, 끼니도 걱정할 정도로 어려운 형편에 처했다. 수십 년 동안 귀족들과 왕족들에게 총애를 받아왔던 그였으나, 50세 이후 생계를 걱정할 정도로 어려웠다. 하지만 건강이 좋지 못한 상태에서도 그는 창작열에 불탔고, 연달아 4편의 오페라를 작곡하기도 했다.

그럼에도 불구하고 현실은 냉혹했다. 그의 오페라극장엔 사람들이 줄고, 수입도 줄었으며, 공연은 자꾸만 취소되었다.

그런 어려움 속에서도 그는 기도하다가 영감을 받아 어느 시민이 보내온 가사를 바탕으로 〈메시아〉의 작곡을 시작했고, 24일 만에 장엄한 대곡을 완성했다. 사실 헨델은 24일 동안 침식조차 잊은 채 마치 열에 뜬 사람처럼 몰입된 상태에서 곡을 만들었다.

실의와 좌절이 거듭된 끝에 창조된 그 드높은 세계, 일찍이 어떤 음악가도 성취하지 못했던 영광의 구현, 그 웅장한 스케일과 구도를 완성한 것이다. 그는 곡 하나하나를 완성할 때마다 환희의 눈물이 양 볼을 가득히 적셨고, 다시금 열에 떠서 다음 곡을 써내려갔다고 한다.

모두 3부로 구성된 〈메시아〉는 제1부 '예언과 탄생', 제2부 '고난과 속죄', 제3부 '부활과 영생'으로 구성된다. 가슴속으로부터 솟구쳐 오르는 감격과 열광을 느끼지 않고서는 이 곡을 들을 수 없을 것이다.

메시아가 종교음악임에는 틀림없지만 헨델의 오라트리오가 거의 다 그렇듯이 메시아 또한 교회음악이라기보다는 극장에서 상영할 목적으로 작곡된 연주회용 작품이다. 바로 그러한 점 때문에 지금도 기독교 신자이거나 비신자이거나를 막론하고 전 세계 음악애호가들로부터 가장 광범위하게 사랑을 받고 있는 것이다. 그래서 이제는 종교음악이라는 한계를 벗어나 인류 공유의 위대한 음악적 유산으로 순화되고 있는 음악이다.

이런 시대의 음악의 거장 헨델이 탄생할 수 있었던 것은 궁정 예배당에서 비싼 오르간에 손을 댔을 때 군주가 꾸짖거나 나무라지 않고 해 준 칭찬과 용기였다. "너는 참 똑똑하고 음악에 천재성이 있는 아이란다." 이 한 마디가 시대를 뛰어 넘는 음악의 대가를 탄생시킨 계기가 된 것이다.

우리는 칭찬에서는 인색하고 비판에만 익숙하지는 않은지 생각해보자. 우리 자녀들과 청소년들에게 '칭찬 바이러스'를 퍼뜨려

보자. 작은 일에도 크게 감격하는 오버액션도 취해보자. 그러면 큰 희망의 태풍이 되어 축복의 장맛비를 몰고 올 것이다.

이와 같은 일은 에디슨에게도 있었다. 발명왕 에디슨이 어릴 때 어머니와 함께 식사하면서 "엄마, 달걀은 어떻게 만들어지고, 어디서 나오는 거야?"라고 질문했다고 한다. 에디슨 어머니는 어린 에디슨에게 이렇게 대답했다. "달걀은 엄마 닭이 따뜻하게 품고 있으면 어느 날 병아리가 되어 나오게 되고, 그 병아리는 자라서 또 달걀을 낳게 된단다."

그 말을 들은 에디슨이 몇 시간 후 안 보였다. 어머니는 에디슨의 이름을 부르며 찾고 있었다. 에디슨은 달걀을 가슴에 품고 암탉처럼 웅크리고 앉아있었던 것이다. 그 모습을 발견한 에디슨의 어머니는 "엉뚱한 아이구나"라든가, "쓸데없는 짓 한다"고 나무라지 않고 되려 아이를 칭찬했다. "나의 아들 에디슨! 넌 참 위대한 과학자가 되겠구나. 엄마의 얘기를 듣고 어떻게 그런 생각을 다 했니?" 에디슨 어머니의 이런 칭찬이 훗날 최고의 과학자가 탄생하는 밑거름이 되었다.

세계적인 기업 GE의 잭 웰치 전 회장의 어린 시절. 초등학교 1학년에 진학했으나 말을 잘 못한다고 선생님은 저능아 취급을 했고, 자퇴하는 게 어떤지 어머니와 의논해보라고 했다. "엄마, 나는 모자라는 아이야?", "나는 학교도 그만둬야 해?" 울먹이는 그에게 어머니는 "그게 아니란다. 넌 천재란다. 너의 빠른 머리 회전을 네 입이 따라가 주지 못해서 그런 건데 선생님이 그것을 몰라봐서 그렇단다"라며 따스한 말로 용기를 주었다.

어머니의 이런 칭찬과 격려가 그를 세계 최고의 경영자로 세우는 발판이 되었다. 오늘 나의 가족과 자녀에게, 가까이 있는 동료에게 칭찬해보는 것은 어떨까?

도전하라, 그러면 성취한다

도전하는 아름다움에 대하여

'포기'는 배추 세는 데나 쓰고, '실패'는 실 감는 데나 쓰자

"일곱 번 넘어져도 여덟 번 도전하라." 성경 잠언 제24장 제16절에 나오는 말이다. 쉽게 포기하고 쉽게 좌절하기를 잘하는 요즘, 새삼 이 말을 가슴 깊이 생각해 본다.

인생을 살기가 힘들다는 이유로 자살하는 사람이 우리나라에는 너무도 많다. 하루 평균 35명꼴로 자살한다고 한다. 자살률이 OECD 국가 중 가장 높다. 그러나 기회는 도전하고 성취하는 자에게 오는 것이다. '포기'는 배추를 셀 때만 쓰는 단어가 되었으면 좋겠다. '실패'는 바느질할 때만 쓰는 단어가 되었으면 좋겠다.

KFC의 창업주 커널 샌더스는 미국인들에게는 패스트푸드의 아버지라 불리는 사람이다. 1890년 9월 9일 미국 인디애나 주에서 2남 1녀 중 장남으로 태어났다. 6세 때 부친을 잃고 10세 때부터 생계를 위해 농사일을 했으며, 14세 때는 의부와의 갈등으로 가출을 감행했다.

온갖 일을 마다하지 않으며 열심히 일했으나 실패만 거듭했다. 66세 때 사업은 파산했고, 절망적인 상황에서 자신이 연구하고 개발한 치킨을 갖고 미국 전역을 돌아다녔다. 식당마다 들러서 자신이 개발한 치킨을 팔 수 있도록 해달라고 부탁했으나 계속 거절당했다. 1,000번이 넘는 거절에도 그는 포기하지 않았다. 계속 식당을 찾아다니면서 주인과 주방장을 설득하여 맛을 보라고 권하고, 손님들에게 무료로 주어 반응을 보고 좋아하면 요리 종류 중에 들어가게 해달라고 부탁했다.

모두 1,008번이나 거절당한 후 1,009번째에 첫 허락과 계약이 이루어졌는데, 그 이후 급속도로 확산되어 세계적인 패스트푸드의 상징적인 인물이 되었다.

발명가 에디슨은 전구를 발명하기 위해 계속 연구하고 연구했다고 한다. 무려 140번의 실패를 겪고서도 포기하지 않았고, 계속 도전한 끝에 드디어 백열등을 개발하는 것에 성공했다. 에디슨은 그 긴 실패를 이겨낸 소감을 묻는 질문에 이렇게 대답했다고 한다. "아니, 140번의 '실패'라니요? 나는 140번의 '안 되는 이유'를 알아낸 것입니다."

경쟁자가 있고 도전할 수 있는 정신이 있다는 아름다움

포기를 딛고 일어선 이야기는 그렇게 멀리에만 있지 않다. 2010년 5월 7일자 신문과 방송 뉴스에서는 일제히 차사순 할머니의 운전면허 합격 소식을 전했다. 전북 완주군 소양면에 살고 있는 69세의 차 할머니는, 무려 5년 동안 960번이나 운전면허 시험에 도전해서 2009년 11월 950번째에 자동차 필기시험에 합격했다. 다시 10여 차례 도로기능 시험에 도전한 끝에 주행시험에도 합격하여 2종 보통면허 시험에 합격했다.

전주 중앙시장에서 채소 장사를 하는 차 할머니는 2005년 4월부터 5년간 960번의 도전 끝에 드디어 운전면허증을 따냄으로써 '도전하는 자가 성취해낸다'는 진리를 몸소 보여주었다.

옛말에 '열 번 찍어 안 넘어가는 나무가 없다'는 말도 있고, '천리 길도 한 걸음부터'라는 말도 있다. 그렇게 수많은 불합격 속에서도 좌절하거나 포기하지 않고 도전하고 또 도전하여 성취했으니 그 기쁨도 그만큼 컸으리라.

김연아 선수가 피겨 퀸이 되기까지 얼마나 많은 어려움이 있었겠는가? 수천 번의 엉덩방아를 찧는 어려움 속에서도 결코 포기하지 않고 도전하고 또 도전하여 드디어 최고의 정상에 우뚝 섰으니 얼마나 자랑스러운 일인가!

김연아 선수에게 일본의 아사다 마오라는 경쟁자가 없었더라면 과연 그렇게 좋은 결과가 있었을까. 강력한 경쟁자는 강력한 도전정신을 가지게 하는 힘이다. 그 도전정신은 불같은 투혼을 불러일으켜, 마침내 기적 같은 일을 성취하게 하기도 한다.

삼성전자는 일본의 소니 전자를 제치고 세계 최고의 전자기업 자리에 올라섰다. 소니와 경쟁하지 않았다면 과연 그 불가능해 보인 일이 가능했을까. 도요타라는 강력한 자동차회사가 있었기에 현대자동차는 계속 도전하고 도전하여 세계 5위라는 자동차그룹의 위상에 오를 수 있었다.

우리에게 경쟁자가 있고 도전할 수 있는 정신이 있다는 것은 매우 중요한 일이다. 어느 고3 수능생 아들을 둔 어머니가 있었다. 2시가 넘어가는 늦은 밤에 아들 방에 불이 켜져 있어 격려할 겸 조심스레 문을 열어보았다. 그런데 아들은 책상에 엎드려 잠들어 있었다. 그 광경을 본 어머니의 마음은 안쓰럽기도 하고 측은하기도 했다. 책상 앞에 메모지가 붙어 있어서 남은 기간 동안 열심히 공부하여 도전하자는 글인가 싶어 읽어보았더니 이렇게 쓰여 있었다고 한다. '떨어져서 울지 말고 웃으면서 포기하자!' 그

때 어머니의 실망감이 얼마나 컸을까.

실패의 순간, 그래도 다시 또 도전하자

포기하지 말자. 포기하는 순간 모든 것을 잃게 되고, 지금까지 쌓아왔던 것들이 순식간에 와르르 무너져 내린다. 도전하는 자가 용기 있는 자이며 아름다운 사람이다.

예전에 영국 옥스포드대학교의 윈스턴 처칠 수상의 초청 강연을 열었을 때 수많은 학생들이 그의 강연을 듣기 위해 모여들었다고 한다. 제2차 세계대전을 성공리에 이끌었고 노벨상까지 수상한 수상이 와서 강연한다고 하니 많은 학생들과 교직원들이 모여들었는데, 처칠은 간단하게 몇 마디만 하고 갔다고 한다.

"여러분, 결코 포기하지 마십시오. 결코, 결코 포기하지 마십시오. 결코, 결코, 결코 포기하지 마십시오. 포기하지 않으면 결국 성취하게 됩니다."

그의 너무나 짧고 강력한 메시지에 그가 떠나고 난 뒤 청중들은 한참 동안 박수를 쳤다.

성경 마태복음 제11장 제12절에 보면 "천국은 침노하는 자가 차지한다"는 내용이 있다. 준비하고 도전하고 성취하라는 것이다.

여성 최초로 히말라야 8,000미터 이상의 14좌를 완등한 오은선 씨는 2010년 4월 27일 해발 8,091미터 안나푸르나 정상에 태극기를 꽂고 감격의 눈물을 흘렸다. 1993년 에베레스트 한국 여성원정대에 참가하면서 "히말라야를 가슴에 품고 완등하겠다"는 도전의 마음을 품은 지 17년!

숱한 어려움과 힘든 일이 많았음에도 불구하고, 도전하고 또 도전하여 기어코 대기록을 세우는 산악인이 되었다. 남자들도 해내기 어려운 14좌 완등을 여성의 몸으로 성취한 것이다. 아직도 미혼인 그는 자신의 일에 신념을 갖고 몰입하는 사람이다. 오은선 씨가 히말라야 14좌를 완등하고 정상에 태극기를 꽂는 순간을 TV가 중계를 했고, 이를 본 국민들은 환호했다.

한 순간 발을 잘못 디뎌도 실족할 수 있고 생명을 잃을 수도 있는 무서운 산행에서 눈보라와 세찬 바람과 싸우며 도전하고 또 도전하여 목표를 완성한 그 순간, 사람들은 박수를 치고 환호하며 감격했다.

도전하는 사람은 아름답고 도전하는 사람은 성취하게 된다. 당신도 도전하라. 그 도전하는 무대가 꼭 위험한 산악일 필요는 없다. 《어머니 저는 해냈어요》라는 책의 저자인 김규환 씨는 1955년 강원도 평창에서 가난한 화전민의 아들로 태어났다. 그의 어머니는 동생을 낳은 후 몸조리를 잘못해 쇠약해져 결국 일찍 세상을 떠나고 말았다. 그는 병든 아버지의 약값을 벌기 위해 15세 때부터 돈을 벌기 위해 나섰다.

대우중공업의 전신인 대우종합기계에서 '대우 가족을 찾는다'는 직원 모집 신문 광고를 보고 찾아가서 지원했으나, '공고 이상의 자격증 소지자만 구한다'는 말만 들었다. 하지만 초등학교 졸업만 한 그는 포기하지 않고 청소부라도 시켜 달라고 애원하여 결국 임시직으로 채용되었다.

이후 너무나 성실하고 열심히 일하며 노력한 결과 그는 정식 직원으로 채용되었다. 뿐만 아니라 공부하고 연구하여 수많은 특

허와 기술개발로 많은 상을 수상하게 되었고, 정부로부터 최고
의 기능인에게 시상하는 명장(名明)으로 선발되어 TV와 신문에
알려지는 입지전적인 사람이 되었다. 그는 일하면서도 틈틈이 외
국어 공부를 계속해 5개 국어를 할 만큼 언어에도 천재성을 보였
고, 각국의 바이어를 접견하기도 했다.

그의 성공 스토리는, 쉽게 좌절하고 포기하기를 잘하며 오늘
을 살아가는 현대인들에게 귀감이 된다. 또 도전하는 자에게 성
취의 행운이 온다는 사실을 몸소 보여주는 모델이다.

해마다 연초가 되면 누구나 새로운 각오를 다진다. 어떤 사람
은 금연에, 어떤 사람은 금주에, 어떤 사람은 다이어트에, 어떤 사
람은 외국어에 도전한다. 그러나 작심삼일이 되기 쉽다. 쉽게 포
기해버리고, 다시 새해가 되면 또 다시 도전하고 또 포기하고. 지
금까지 계속 실패를 반복하였는가?

그래도 다시 또 도전해보자. 하다가 중단할지라도, 아예 도전
마저 안 해보는 사람보다 도전하는 자가 아름답고 귀하다. 성취
할 확률을 높이는 길, 그것 또한 도전이다.

Part 05

당.신.도.
프.로.가. 될. 수. 있.다.

멈추지 마, 다시 꿈부터 써봐

김수영 씨의 73가지 꿈

가난한 소녀 김수영, 가출을 겪다

전남 여수가 고향인 김수영 씨는 4남매 중 둘째로 태어났다. 김 씨가 어렸을 때 그녀의 아버지는 사업 실패 후 막노동으로 내몰렸고, 어머니는 건물 청소부로 일하며 생계를 꾸려갔다. 너무나 가난한 나머지 어머니가 가져다 준 옷을 입고 학교에 갔는데 반 친구가 이렇게 놀렸다.

"내가 입다가 버린 옷을 네가 주워 입었구나." 아이는 그 말에 큰 상처를 받았다. 그녀가 입은 옷은 성당에 다니는 어머니가 헌 옷을 얻어 와서 그녀에게 준 것이었다. '왜 우리 집은 이토록 가난해야만 하는가?'

학교에 준비물도 챙겨갈 수가 없는 현실 앞에, 그녀의 반항심도 커졌다. 어느 날 예쁘다고 생각한 부츠 신발을 신고 갔을 때였다. 선생님이 그녀를 꾸중하며 신발을 창밖으로 내던졌다. 그녀는 반항을 하다 결국 학교와 집을 떠나게 되었다. 술과 담배는 기본이고, 폭주족과 어울리며 하루하루를 보냈다. 그런데 가출한 지 몇 개월째 되던 어느 날, 가수 서태지의 〈컴백홈〉을 듣게 된다.

아직 우리는 젊기에
괜찮은 미래가 있기에
자 이제 차가운 눈물을 닦고
컴백홈

그 노래를 들으며 눈물을 흘렸고, 집으로 어머니께 전화를 걸었다. 그리고 마침내 긴 방황을 끝내고 집으로 돌아왔다. 하지만 다시 돌아온 그녀에게 학교 선생님의 반응은 더욱 차가웠다. "제발 너 제대로 가출 성공 좀 해라. 그래야 너를 퇴학시킬 것 아냐!" 이에 큰 상처를 받은 그녀는 중학 과정을 검정고시로 마치고 실업계 상고에 진학했다.

실업계 상고의 선생님은 큰 격려가 되어 주었다. "너희도 공부 열심히 하면 대학 갈 수 있다!" 이 말을 듣고 대학 진학의 꿈을 꾸었으며, 자격증도 열심히 땄다.

암을 이기고 세계로 나선 '골든벨 소녀'

그런 어느 날 우연히 본 신문 기사가 그녀를 변화시켰다. 한 팔레스타인 사람이 이스라엘 병사가 쏜 총에 맞은 어린 아이를 안고 오열하는 사진이었다. '나는 가난한 가정환경으로 방황하고 있는데 지구 한편에서는 생존 문제로 고통당하는 사람들이 있구나. 생사의 갈림길에서 생존 문제로 고통당하는 이런 사람들에

비하면 나의 방황은 아무것도 아니구나.'

그녀는 그 기사를 읽은 이후 기자가 되어 세계 방방곳곳을 다니며 취재하고 보도하겠다는 꿈을 가지게 되었다. 기자가 되려면 공부를 잘해야 하고 좋은 대학을 나와야 한다는 얘기를 듣고 공부에 도전했다.

그녀는 실업계 상고에서 3년간 줄곧 1등을 했다. 고3 수능을 앞둔 시점에 교장 선생님이 KBS 방송국을 세 번씩이나 찾아가서 골든벨을 신청했다. 그리고 결국 골든벨에 참가, 실업계 출신으로는 최초로 골든벨의 주인공이 되어 '골든벨 소녀'로 유명세를 타게 되었다.

그녀는 이후 연세대학교를 나와서 외국계 투자정보회사 골드만삭스에 취직했다. 하지만 신체검사 도중에 충격적인 사실을 알게 되었다. 나이 겨우 25세인데, 암이 발견된 것이다.

눈앞이 캄캄했지만 그녀는 쉽게 포기할 수 없었다. '내 나이 스물다섯에, 이제 하고 싶은 일이 너무 많은데, 이렇게 허무하게 끝낼 수는 없다!'

이런 절박함 속에 살면서 장차 '하고 싶은 일'들을 써 내려갔다. 그렇게 해서 '꼭 해보고 싶은 73가지 목록'이 나왔다. 다시 그 73가지 꿈을 우선순위별로 기록했다. 그리고 그녀는 마침내 도전에 나섰다.

그 사이 암수술은 다행히 잘 끝났다. 그녀는 새로운 인생을 얻었다는 생각으로, 그 좋은 직장 골드만삭스를 그만두었다. 그리고 영국으로 유학길에 올랐다.

당신도 꿈을 꾸고, 정리하고, 도전하라

그녀의 꿈은 이랬다. 국내에서 3분의 1을 살았으니 3분의 1은 세계 각국을 다녀보고 그 중에서 제일 좋은 곳에서 나머지 3분의 1을 살겠다는 것. 유학을 떠난 지 5년 만에 그녀는 50여 개국을 다니며 73가지의 꿈 중에서 33가지의 꿈을 이미 이루었다고 한다.

나는 그녀의 이야기를 그녀가 쓴 책을 통해 절절하게 읽을 수 있었다. 그리고 책을 읽으며 가슴이 뛰었다. 그리고 나의 꿈도 다시 점검해보기 시작했다. 그리고 가까운 지인들에게 그녀의 삶과 도전기, 그리고 꿈과 그 꿈을 성취해가는 과정을 소개하며 이렇게 권한다. 당신도 꿈을 꾸고, 정리하고, 도전해보라.

세계 방방곡곡을 누비며 어려운 국가의 청소년을 돕는 일을 하는 김수영 씨를 바라보면 자랑스럽고 한편 부럽기도 하다. '골든벨 소녀'였던 김수영 씨는 진정으로 인생의 골든벨을 울린 것이 아닐까.

꿈이 없이 살아가는 청소년들에게 김수영 씨는 분명 롤 모델이다. 그리고 그녀도 한때 방황했던 중학생 시절을 보냈는데, 가출과 방황을 거듭하는 우리의 청소년들에게 꿈을 준다는 것이 얼마나 고귀한 일인지 일깨워주고 있다.

인내가 쓴 만큼 그 결과는 달다

스스로 제2의 인생을 택하는 솔개

'새 중의 왕' 솔개가 겪는 선택의 기로

'새 중의 왕' 솔개는 매라 불리기도 한다. 솔개는 집을 지을 때 높은 산 바위 위 낭떠러지에 있는 나무를 골라 가시 종류로 집을 짓는다고 한다. 가시로 된 집 울타리 안을 다시 부드러운 나뭇잎으로 꾸며서 새끼를 부화시킨다.

새끼 솔개가 조금 자라면 어미 솔개는 집안의 부드러운 것들

을 다 날려 보낸다. 그리고 일부러 보금자리를 어지럽힌다. 새끼
솔개가 머물기 싫은 환경을 만드는 것이다. 이때 한 번도 날아본
경험이 없는 새끼 솔개는 무섭고 두려워서 밖으로 추락하며 소리
를 지르게 된다. 잘 저어지지 않는 가냘픈 날개를 펴고, 움츠리고
하며 서서히 땅 아래로 추락한다.

어미 솔개는 그 주변을 휘젓고 다니다가 새끼 솔개가 거의 바
닥에 닿을 때쯤 재빨리 낚아채서 창공으로 올라간다. 그리고는
또 떨어뜨리기를 계속 반복한다. 날개에서 피가 나고 새끼가 고
통스럽다고 소리 질러도 인정사정없이 무자비하게 반복할 뿐이
다. 떨어뜨리다보면 어느새 새끼 솔개는 날개에 힘이 돋고 굳세어
지게 된다고 한다.

그렇게 어릴 때부터 강한 훈련으로 새 중의 왕이 된 솔개도
40여 년을 살게 되면 더 이상 날개에 힘이 남아있지 않게 되면서
힘이 약해지고 부리가 굽어져서 잘 쪼아 먹지도 못하게 되며, 날
카롭던 발톱도 무뎌진다.

그리고는 선택의 기로에 서게 된다. 아프고 힘들지만 깃털과
발톱을 다 뽑고, 부리도 바위에 쪼아서 뽑아내버리고 새 부리와

새 발톱과 새 날개로 30~40년을 새롭게 더 살 것인가? 아니면 그 고통스런 변화가 싫어서 죽고 말 것인가?

부리를 바위에 쪼아서 흔들리게 하여 뽑아낼 때 얼마나 고통스러울까? 그 부리가 6개월에서 1년 사이에 새롭게 자라 나오면 이번에는 새 부리로 발톱을 뽑고 깃털도 다 뽑아서 새 발톱과 새 깃털이 돋아날 때까지 또 약 1년을 스스로 변화해야 한다. 그 고통을 통과하고 나면 전혀 새로운 절반의 삶이 풍요로워지는 것이다.

지금의 어려움을 이기고 제2의 인생을 살도록 하는 힘– 변화와 인내

우리 인생도 그런 것이 아닐까? 30~40년을 사는 동안 계속 일이 잘 되고 승승장구하고 성취하고 누린다면 문제가 없다. 하지만 일이 잘 안 되고 고통스런 문제는 계속 오고, 일은 생각처럼 잘 안 되고 할 때는 어떤가. 변화와 갱신으로 새롭게 인생을 설계하고, 제2의 인생에 도전하면 어떨까?

제2의 인생을 살기 위해서 어느 날 갑자기 하던 일을 그만두거나 직장을 그만두고 새로운 일에 도전하기란 너무 위험해 보인다. 평소 어떤 일에 충실하면서도 인생 후반전을 새롭게, 그리고 멋있게 다시 시작한다면 새로운 삶이 되리라 생각한다.

물론 그 과정은 솔개가 스스로 깃털을 뽑듯이 아프고 고통스러울 것이다. 그러나 약간의 고통보다 그 후에 오는 행복이 더 크고 비교할 수 없이 아름답다면 그 갱신의 수고는 당연히 통과해야 한다.

지금 힘든 환경 속에 있는가? 솔개가 겪는 변화와 갱신의 과정이라고 생각하면 결국 이겨낼 수 있을 것이다. 진부한 말이지만, 절실한 말이 있다. "인내는 쓰다. 그러나 그 열매는 달다."

그 분이 내 마음 속에 오시면
삶의 혁명이 일어난다

크리스마스를 생각하여

크리스마스라는 말의 의미

성탄절을 크리스마스라고 한다. 그러나 대부분의 사람들이 성탄절이라고 하면 아기 예수가 탄생한 날 정도로 알고 있다. 성탄절을 왜 크리스마스라고 하는지 그 의미를 아는 사람은 정작 많지 않다.

라틴어에 '크리스'라는 말은 '그리스도'를 의미한다. 그리고 '마스'라는 말에는 두 가지 의미가 있다. 한 가지는 '죽음'이라는 뜻이고, 다른 한 가지는 '날'이라는 뜻이다. '죽음 문제를 해결하기 위하여 그리스도가 오셨다'는 의미다.

성경은 약 1,600년 동안 40여 명의 사람이 기록했다. 성경은 구약과 신약으로 나누어지는데, 구약성경은 '앞으로 오실 메시아'를 믿으라는 것이고, 신약성경은 '오셨다 가신 예수', '다시 재림해 오실 예수'를 믿으라는 것이다. 미국의 대통령은 취임식을 할 때 성경에 손을 얹고 대법관 앞에 오른손을 들고 선서한다. 최대한 성경 말씀대로 정치를 하겠다는 선서다. 왜 예수를 그리스도라고 할까? 왜 크리스마스라고 하는 것일까?

성경에 의하면 우주만물은 진화된 것이 아니라 하나님이 6일 동안 창조하셨다고 한다. 하나님은 영으로 계시므로 눈에 안 보인다. 인간은 만물의 영장이라고 하지만 무에서 유, 즉 '없는 데서 있게 하는' 창조는 할 수 없다. 이미 있는 각종 재료를 가지고 믹스해서 여러 가지를 개발할 수는 있지만, 재료가 없는 가운데서는 흙 한 줌도 창조할 수 없다.

아무것도 없는 가운데서 '무엇이 나와라 뚝딱'은 안 된다는 것이다. 아무리 노벨물리학상을 받은 과학자라고 할지라도, 그리고 박사 학위를 몇 개씩이나 받은 과학자일지라도 무에서 유는 만들어 낼 수 없다는 뜻이다.

성경 첫 페이지에 보면 하나님이 6일 동안 우주만물을 창조하셨다고 기록해놓았다. 그런데 거기에 보면 창조의 원리 네 가지가 나온다.

1. 셋째 날에 물을 만드시고, 다섯째 날에 고기를 만들어 물에 넣으셨다는 것은 고기는 물속에서 살아야 한다는 원리다.

2. 흙과 땅을 만드시고 나무나 식물이 자라게 하셨다고 한다. 나무는 흙에 뿌리를 박고 살아야 한다는 원리다.

3. 공중을 지으시고 새, 곤충, 나방이 날도록 하셨다는 것은 새는 공중에서 살게 하셨다는 원리다.

4. 인간만 독특하게 언어가 있고, 사고할 수 있는 영적인 존
   재로 지으셨다는 것은, 인간은 하나님과 더불어 살아야
   한다는 원리다.

소나 개나 돼지는 배만 부르면 만족해한다. 누가 괴롭히지만
않으면 만족해한다. 그러나 사람은 배부르다고 만족하지 못한다.
소나 개나 돼지가 물가가 많이 오른다고 갈등하거나 우울증 걸리
거나 자살하는 일은 없다. 인간만 하나님의 형상대로 지음받았
고, 하나님과 서로 교제하며 살도록 지음받았다.

선악과(善惡果)에 담긴 하나님의 뜻

우리의 조상, 조상, 조상으로 계속 올라가면 인류 최초의 사람
인 아담과 하와가 나온다. 하나님이 아담과 하와를 흙으로 빚으
시고, 그 코에 하나님의 입김을 불어넣으셨는데 그 하나님의 입
김을 영혼이라고 한다.

우리는 아버지의 씨를 받아서 어머니 태중(胎中)에서 약 10개월 동안의 성장과정을 거쳐 태어나게 된다. 육신적으로는 부모님을 통해서 이 땅에 태어나므로 부모와 형제, 가족이 중요하다. 영적으로는 하나님의 호흡, 즉 영혼을 가지고 있으므로 영적으로는 하나님과 교제해야 한다.

어린아이는 부모님 품속에서 부모의 따뜻한 사랑을 받으면서 자라야 한다. 그런데 어느 나쁜 사람에게 유괴되어 갔다면 그 아이는 불행한 아이가 되고 만다. 부모는 젖을 주고 밥을 주면서 먹고 훌륭한 사람이 되기를 바란다. 하지만 유괴범은 납치해가서 밥을 주는데, 먹고 시키는 대로 앵벌이를 해오고 자신들이 시키는 대로 하라고 주는 나쁜 밥이다. 부모가 주는 밥과 유괴범이 주는 밥은 질적으로 다른 것이다.

고기가 물을 떠나면 죽듯이, 나무가 흙을 떠나면 죽듯이, 새가 대기권을 벗어나면 죽듯이 인간은 하나님을 떠나면 그 영이 죽고 만다는 의미다.

하나님과 인간 사이에 심부름하는 천사가 있었는데, 천사도 영적인 존재이므로 우리 눈에는 안 보이는 존재다. 그런데 그 천사 중에 3분의 1이 어느 날 하나님께 반역하고 도전하다가 저주를 받았다. 저주 받은 천사를 성경에는 사탄 또는 마귀라고 하고, 그 사탄과 마귀의 졸병 노릇하는 영을 귀신이라고 한다.

하나님은 아담과 하와에게 자유의지를 주셨다. 이 말은 인간을 로봇처럼, 기계처럼 만든 것이 아니고 인격적으로 지으셨다는 의미다. 하나님은 인격을 가지셨으므로 인격이 없는 물체를 통해서는 영광을 안 받으신다. 아담과 하와에게 "하나님 안에서 누리라, 마귀 따라가면 저주가 있다"는 표시가 선악과였다. 선악과만은 먹지 말고 나머지 과일은 다 먹으라고 했다. 어느 날 뱀이 아담과 하와에게 찾아왔다. 인간이 타락하기 전에는 뱀도 말을 했다고 한다. 뱀이 하와에게 말하기를 "네가 선악과를 따먹으면 하나님이 된다"고 했다. 그 말을 듣고 아담과 하와가 하나님과의 약속을 깨어버리고 마귀를 따라 가버렸다. 그때부터 인간에게는 고통과 문제, 질병과 저주, 운명, 사주팔자와 죽음이 오게 되었다.

하나님은 하나님의 공의(公義)를 버리고 마귀 따라가서 저주 받는 인간을 구원하기 위하여 죄 없는 분을 보내기로 했다. "선 악과를 먹으면 정녕 죽으리라"는 약속을 이행할 죄 없는 하나님 의 아들을 보내시기로 한 것이고, 그 분이 곧 예수 그리스도이다.

성경 구약은 히브리어로 쓰였고, 신약은 헬라어다. 히브리어 로는 '메시아'라고 하고, 헬라어로는 '그리스도'라고 한다. 예수는 '구원자'라는 의미이다. 인간이 하나님을 떠나서 마귀를 따라감 으로, 죄와 저주와 지옥 문제에 빠졌다.

죄에서, 저주에서, 지옥의 자리에 있는 인간을 구원하기 위 하여 오신 분이란 뜻이 '예수'라는 이름의 뜻이다. 그리스도란 말은 '기름 부음 받은 자'라는 뜻이다. 즉, 세종은 이름이고 대 왕은 직능이며, 이순신은 이름이고 장군은 직능이며, 필자의 박 용배는 이름이고 작가는 직능인 것처럼, 그리스도는 직능을 가 리킨다.

구약시대 이스라엘 나라에는 세 종류의 사람들에게 취임식 할 때 머리에 기름을 부었는데 선지자, 제사장, 왕이 기름 부음 받 고 취임하였다. 선지자는 하나님 떠난 자에게 하나님 만나는 길을 알리는 자였다. 제사장은 죄 문제를 양을 잡아서 해결해주는 자였다. 왕은 백성을 다스리는 자였다.

이와 같이 예수는 하나님 떠난 인간이 예수 이름으로 하나님 자녀 되게 하는 참 선지자이시며, 십자가에서 우리 죄를 해결하신 참 제사장이시며, 사탄을 다스리시는 참된 왕이시다. 그리스도란 말은 기름 부음 받은 선지자, 제사장, 왕이 하는 일을 하러 오신 자란 의미다.

크리스마스라는 말은 그리스도가 죽음 문제 해결하러 오셨다는 뜻이다. '크리스'라는 말은 그리스도, 즉 기름 부음 받은 선지자, 제사장, 왕이 하는 일을 하러 오신 자라는 의미이고, '마스'란 말은 죽음이란 뜻과 날이라는 말이다.

크리스마스는 그리스도께서 인생의 죽음 문제, 사탄 문제, 지옥 문제를 해결하러 오신 자, 즉 인생의 저주와 죽음 문제를 십자가에서 대신 죽으심으로 인간을 구원하려고 오신 자라는 뜻이다. 또 다른 의미의 '날'이란 뜻은 하나님의 아들 예수 그리스도가 인간 세계에 인간의 저주 문제를 해결하기 위해 이 땅에 오신 날이라는 의미이다.

역사의 주인공은 하나님, 우리를 해방시키는 예수님

지금은 2011년이라고 한다. 그리스도가 이 땅에 오신 지 2011년이 되었다는 의미다. 예수 그리스도 오신 날을 기원으로 하여 전 세계는 공통된 날짜를 사용하고 있다. 역사의 주인공은 하나님이시며, 그 아들 예수 그리스도를 믿으면 운명, 사주팔자, 궁합, 풍수지리, 제사와 미신에서 해방받게 된다. 마치 북한에서는 일주일에 한 번씩 사상교육을 받아야 하고 지상낙원이라고 해야 하지만, 탈북하여 대한민국에 귀순해버리면 북한에서 해방받듯이 예수를 그리스도로 믿는 순간 하나님 자녀가 되고, 죄에서 해방받으며, 사탄과 마귀의 법에서 해방받게 되는 것이다.

크리스마스! 예수 그리스도의 나신 날이며, 죽음 문제를 해결하러 오신 그리스도 탄생하신 날이라는 뜻이다. 영화 〈벤허〉의 작가 웰리스는 말했다. "성경은 가짜고, 하나님은 없다." 그런 그도 그러면서 성경을 읽었다. '엉터리'라는 것을 찾아내 성경 말씀을 반박하기 위해서였다.

그러나 그는 성경을 읽다가 무릎을 꿇고 말았다. 예수를 믿게 된 것이다. 영화 〈벤허〉는 하나님이 계시다는 영화다. 크리스마스! 예수 그리스도! 그 분이 내 마음 속에 오시면, 삶의 혁명, 인생의 혁명이 일어난다.

당신도 프로가 될 수 있다

내 안에 잠재된 능력은 무궁무진하다

내 안의 잠재 능력

사람은 태어날 때 약 1,000억 개의 뇌신경세포를 가지고 태어난다. 그 1,000억 개의 뇌신경세포 가운데 날마다 약 10만 개의 뇌신경세포가 죽는다. 1년이면 3,650만 개의 뇌세포가 없어지고, 10년이면 3만 6,050만 개가 없어지며, 100년을 살게 되면 36억 5,000만 개의 뇌신경세포가 사라진다.

그러나 전체 1,000억 개의 뇌신경세포에 비하면 약 4~5%의 뇌신경세포만이 없어지고, 95% 정도는 그대로 내 안에 잠재되어 있음을 알 수 있다. 아인슈타인이나 에디슨 같은 과학자들이 자신의 능력의 약 10% 정도를 활용했다는 것이 정설이다.

우리에게는 무궁무진한 능력이 잠재되어 있으며, 그 잠들어 있는 내 안의 거인을 주인된 내 자신이 일깨우고 활용하고 멋지게 사용하기를 원하고 있지 않을까?

내 안의 거인은 나만이 일깨울 수가 있다. 결국 내 인생은 그 누가 나를 대신하여 살아줄 수가 없다. 내가 배고프고 허기졌는데 다른 사람이 나를 대신하여 밥을 먹어준다고 해서 나의 배고픔이 해결되지 않듯이, 내가 목마른데 다른 사람이 나를 대신하여 생수를 마셔줄 수 없다. 내가 피곤한데 다른 사람이 나를 대신하여 수면을 취해줄 수 없듯이, 결국 내 인생은 내가 살아야 하는 것이다.

내 안에 잠든 거인은 그 누구도 대신 깨우거나 활용해줄 수는 없으며, 다만 자극을 주고 도전할 수 있도록 조언해줄 수 있을 뿐이다.

인생은 리허설이 없는 생방송

하루하루의 우리의 삶은 리허설이 없는 생방송과 같다. 우리의 삶은 지금 생중계되고 있는 것이다. 나는 드라마나 영화를 촬영하는 현장을 여러 번 보았다. 그리고 방송출연 경험도 여러 번 있다. 방송 때는 미리 작가로부터 원고를 받아 암기하고 준비한 다음 녹화하는데도 NG가 수없이 나고, 그것도 마음에 안 들어 아예 녹화를 다시 한 적도 있었다.

그러나 흘러가는 시간 속에 나의 하루하루의 삶은 리허설이 없는 생방송이다. 한 번뿐인 인생을 어떻게 살아야 잘 사는 것일까? 바둑이나 장기는 두다가 잘못하면 다시 두면 된다. 그러나 인생은 단 한 번이므로 신중하게 잘 살아야 후회하지 않는 삶이 된다.

인제대학교 서울백병원의 정신과 교수이면서 인제대학교 스트레스 연구소 소장을 맡고 있는 우종민 교수는 내가 당신에게 이제부터 거짓말을 하겠다고 하고서 거짓말로 칭찬을 하면 뇌신경세포는 좋은 반응을 보인다는 말을 했었다. 분명히 거짓말을 한다고 선언해놓고 거짓으로 좋은 말을 하는데도 뇌신경세포에서는 좋은 반응을 보인다는 것이다. 이와 반대로 거짓말을 하겠다고 하고서 나쁜 말을 하면 반대 현상이 일어난다. 내가 내 자신을 부정하고 무능하고 가치 없는 존재로 스스로 단정해버리고 노력하지 않는다면 그 누구도 나를 좋게 보지 않게 된다.

프로로 살자

기왕이면 아마추어보다 프로가 좋다. 프로 정신이 있어야 한다. 프로에 도전해야 한다. 사람마다 잘할 수 있는 분야와 기능이 있고, 잘 못하고 잘 안 되는 분야가 있다고 한다. 나만 잘할 수 있는 탤런트가 내 속에 분명히, 반드시, 확실히 내재되어 있다. 어떤 분야든 도전하고 최고를 향해 출발해보자. 시작이 반이라고 하지 않던가!

　초등학교 졸업이 학력의 전부였던 슈와브는 강철왕 엔드류 카네기의 회사에 청소부로 취직했다. 그러나 청소부로 퇴직하지 않았다. 그는 비서실장이 되었고 결국 회장 자리에까지 올라갔다. 《어머니 저는 해냈어요》의 저자 김규환 씨도 초등학교 출신으로 대우중공업에 청소원으로 들어갔지만 성실함과 도전 정신으로 대학을 졸업하고 대한민국 명인의 반열에 올랐다.

　필자도 초등학교만 겨우 다녔었다. 부모님이 일찍 돌아가셨고 14살부터 중국집 식당 배달부, 만두집 주방의 그릇닦이, 커피숍, 레스토랑, 나이트클럽 웨이터 생활을 전전했다. 그러다가 방위병 제대하고 24살 때 인생의 큰 위기를 만나 절박한 상황에서 공부하기 시작했다. 독학으로 중·고등학교를 마치고 대학과 대학원을 아르바이트를 하면서 마쳤다. 그리고 지금은 세미나 강사로, 목회자로, 가수로, 작가로 바쁘게, 그러나 너무나 보람 있게 하루하루를 프로로 살아가고 있다.

　나는 나 자신이 너무나 불행하고 재수 없는 사람, 좋지 않은 운명, 사주팔자를 타고난 불행한 사람인 줄 알았고 우울증과 불면증으로 몹시 시달리던 사람이었다. 그러나 어느 순간에 '아니다!'라는 생각이 들었다. 내 안의 좋지 않은 DNA를, 부정적이었던 생각들을 물리치고 나는 할 수 있는 사람이며, 반드시 나만 할 수 있는 탤런트를 개발할 것이며, 나도 프로가 될 수 있다는 생각으로 도전하기 시작했다.

도전하고 노력한 지 10년이 지나자 나는 전혀 다른 나로 새롭게 태어났다. 활기차고 당당한 사람으로 수많은 엘리트들 앞에서 강사로서 세미나를 인도하고 상담하며 멘토링을 해주고 있다.

당신도 프로가 될 수 있다. '나는 안 돼, 나는 할 수 없어, 나는 못해' 하는 생각만 바꿀 수 있으면 당신 안에 잠들어 있는 거대한 95%의 뇌신경세포는 프로가 되도록 깊은 잠에서 깨어날 것이다. 기왕이면 프로가 되자. 기왕이면 한 번뿐인 인생을 프로 정신으로 멋지게 도전하고, 성취하며 누리며 살자. 프로에 도전하는 귀하에게 격려의 박수를 보낸다.

지난 2010년 겨울은 유난히도 춥고, 눈도 많이 왔다. 그만큼 한파도 길고 많았었다. 나는 그런 겨울에 아프리카의 나이지리아와 동남아시아의 캄보디아, 베트남 등 더운 지역으로 세미나와 여행을 다녀왔다. 40도의 무더운 날씨에서 땀을 흘리다가 내 조국 대한민국 인천공항에 내리니 추운 칼바람이 몰아쳐 왔다. 그것이 몹시 기분이 상쾌하고 좋았었다. 사계절이 뚜렷하고, 겨울에는 눈이 내리고 차갑지만 기분 좋은 상쾌한 찬바람이 나는 너무나 좋았었다.

2011년은 결혼 30주년이 되는 해다. 30년 동안 못난 나를 위해 기도하며 뒷바라지해준 나의 아내 이경희에게 감사하다. 이 책이 나올 수 있도록 격려해 준 것에 고마움을 전한다. 3월 25일이 결혼기념일이다. 조금 늦었지만 이 책을 아내에게 선물하며, 언제나 나를 위해 기도해주시는 이재훈 장인, 김쌍금 장모님께 도 감사를 드린다.

그리고 사랑하는 아들 요셉과, 며칠 전 자부가 된 지원이, 그리고 딸 한나와 사위 김흥환 목사, 손자 시원이, 진배 형, 창배 형과 경화 누나. 모두 사랑하고 고마움을 전한다.

책이 나올 수 있도록 배려해주신 윤영걸 매경출판 대표님 외 직원들에게도 감사의 인사를 전한다. 원고 수정에 애써 준 유세진 군에게도 감사를 드리고, 사랑의 가족 모든 분들께도 인사를 드린다.

나의 노래 이야기

나는 노래를 좋아한다. 특히 7080세대의 포크송 스타일의 가요를 좋아한다. 5학년 3반이 된 나이에 뒤늦게 음반을 내고 틈틈이 가수활동을 하고 있다. 나의 첫 번째 음반 CD를 첨부했다.

| Track List |

1. **두 바퀴의 사랑** _ 박용배 작사·이범희 작곡·박용배 노래
2. **푸시킨의 삶** _ 푸쉬킨 시·이범희 작곡·박용배 노래
3. **가을** _ 박용배 작사·이범희 작곡·박용배 노래
4. **미사리** _ 홍기찬 작사·이범희 작곡·박용배 노래
5. **봄이 지난 줄 몰랐어요** _ 작자미상·이범희 작곡·박용배 노래
6. **빛을 드릴게요** _ 박용배 작사·이범희 작곡·박용배 노래
7. **두 바퀴의 사랑** _ 박용배 작사·이범희 작곡·박용배 노래

운명과 맞짱뜨기

초판 1쇄 2011년 6월 16일
　　2쇄 2011년 7월   1일

지은이 박용배
펴낸이 윤영걸   **담당PD** 조윤미   **펴낸곳** 매경출판㈜
등 록 2003년 4월 24일(No. 2-3759)
주 소 우)100-728 서울 중구 필동1가 30번지 매경미디어센터 9층
전 화 02)2000-2610(편집팀) 02)2000-2636(영업팀)
팩 스 02)2000-2609   **이메일** publish@mk.co.kr
인쇄·제본 ㈜M-print 031)8071-0961

ISBN 978-89-7442-748-1
값 15,000원